职业教育教材

化工企业管理

徐廷国　主编
杨发财　王涛　副主编

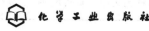
化学工业出版社
·北京·

内 容 简 介

《化工企业管理》内容包括：概述、人力资源管理、劳动管理、化工企业生产管理、化工企业质量管理、化工企业设备管理、化工企业安全管理与环境保护、化工企业职业卫生管理、班组管理、化工企业文化及其建设、市场营销管理。本书内容新颖、图文并茂、体例鲜活，案例、名人名言，与案例导入、练习题、知识拓展等结合起来，将先进实用的管理理论和现实经验深入浅出地呈献给读者。

本书所选案例大多来自企业实践，体现了理论与实践一体化的原则，具有很强的实用性和通用性。案例和知识拓展积极弘扬中华优秀传统文化，普及法律知识，宣传优秀企业家精神。

本书可作为职业院校（含技工院校）化工类专业的教材或职工培训用书，也可作为化工、石油、化肥、农药、医药、橡胶、塑料等企业一线工人和管理人员的工作参考书或职工培训教材。

图书在版编目（CIP）数据

化工企业管理 / 徐廷国主编；杨发财，王涛副主编.
北京：化学工业出版社，2024.9. -- ISBN 978-7-122
-46130-8

Ⅰ. F407.7

中国国家版本馆 CIP 数据核字第 2024BH5348 号

责任编辑：高　钰
责任校对：刘　一　　　　　　装帧设计：刘丽华

出版发行：化学工业出版社
　　　　　（北京市东城区青年湖南街 13 号　邮政编码 100011）
印　　刷：北京云浩印刷有限责任公司
装　　订：三河市振勇印装有限公司
787mm×1092mm　1/16　印张 11½　字数 270 千字
2024 年 11 月北京第 1 版第 1 次印刷

购书咨询：010-64518888　　　　售后服务：010-64518899
网　　址：http://www.cip.com.cn

定　　价：36.00 元　　　　　　　　　版权所有　违者必究

前言

本书结合我国职业教育的教学特色和学生的共性特点，由学校专业教师和企业实践专家经过多次研讨编写而成，书中吸纳了企业基层管理人员的意见，突出职业性，有利于提高职业院校的教学质量和人才培养质量，有助于学生进入岗位后较快地完成角色转换，快速适应岗位工作需求。

本书主要包括：概述、人力资源管理、劳动管理、化工企业生产管理、化工企业质量管理、化工企业设备管理、化工企业安全管理与环境保护、化工企业职业卫生管理、班组管理、化工企业文化及其建设、市场营销管理等内容，主要适用于职业院校的化工类专业学生使用。

本书在编写过程中注重企业管理理论与现场管理实际的有机结合，将工作中的具体问题通过案例引入，并贯穿于教学之中，通俗易懂，简洁明了，有助于增强学生的实际应用能力。案例和知识拓展积极弘扬中华优秀传统文化，普及法律知识，宣传民族企业精神。

本书注重一般管理理论与当前化工行业特点的结合，力求体现化工企业的现代化管理思想和管理方法。

本书的内容已制作成用于多媒体教学的 PPT 课件，如有需要，请发电子邮件至 cipedu@163.com 获取，或登录 www.cipedu.com.cn 免费下载。

本书由徐廷国主编，杨发财、王涛副主编，孙兰强、陈慧、赵连强、程浩、李滕滕、许婷婷、赵艳艳参与编写，孙焕花、张莹莹主审。

本书在编写过程中，参阅了相关教材、著作和其他文献，并得到相关院校和企业专家的大力支持，在此对有关专家、学者、文献作者、相关院校及企业表示衷心感谢。

由于编者的水平有限，书中内容难免有疏漏或不妥之处，恳请各位读者、专家批评指正，以便进一步修订完善。

编　者
2024 年 7 月

目录

第一章
概述 ————— 001

第一节　化学工业的发展及作用 ················· 002
第二节　管理概述 ································· 004
第三节　企业及企业管理 ························· 007
第四节　化工企业管理概述 ······················· 015
练习题 ··· 016
知识拓展　优秀企业最常见的六种高效管理模式 ··· 016

第二章
人力资源管理 ————— 019

第一节　人力资源管理概述 ······················· 019
第二节　人力资源规划 ··························· 023
第三节　人力资源开发 ··························· 026
第四节　员工的招聘及管理 ······················· 028
练习题 ··· 037
知识拓展　海尔集团的人力资源管理体系 ········· 038

第三章
劳动管理 ————— 040

第一节　劳动管理概述 ··························· 041
第二节　劳动生产率 ····························· 041
第三节　劳动定额 ······························· 044
第四节　劳动组织 ······························· 047
练习题 ··· 052
知识拓展　管理者提高劳动生产率的七项举措 ····· 052

第四章
化工企业
生产管理 ————— 054

第一节　化工企业生产管理概述 ··················· 054
第二节　化工企业生产计划与生产控制管理 ········· 057
第三节　化工企业生产过程的组织和管理 ··········· 058
第四节　化工企业文明生产 ······················· 060
练习题 ··· 062
知识拓展　化工安全生产条例 ··················· 062

第五章
化工企业
质量管理
———— 064

第一节　化工产品质量与质量管理概述 ················· 065
第二节　化工企业全面质量管理 ························· 068
第三节　ISO 9000 与质量认证 ························· 073
练习题 ··· 075
知识拓展　格力代言"让世界爱上中国造" ··············· 075

第六章
化工企业设备
管理
———— 077

第一节　设备管理概述 ································· 078
第二节　设备的选择、更新和改造 ····················· 079
第三节　设备的使用、维护和检修 ····················· 081
第四节　工具管理 ··································· 083
练习题 ··· 084
知识拓展　长庆油田采油五厂提升设备管理水平夯实
　　　　　发展"机"础 ······························· 085

第七章
化工企业安全管理
与环境保护
———— 087

第一节　化工企业安全管理 ··························· 087
第二节　化工企业安全管理的主要措施 ················· 090
第三节　化工企业环境保护 ··························· 091
第四节　化工企业安全教育与劳动保护 ················· 092
练习题 ··· 094
知识拓展　中国绿色发展应遵循的路径 ················· 094

第八章
化工企业职业
卫生管理
———— 096

第一节　职业卫生管理的基本要求 ····················· 097
第二节　化工行业职业危害控制措施 ··················· 100
练习题 ··· 104
知识拓展　职业卫生健康监护的种类和周期 ············· 104

第九章
班组管理
———— 106

第一节　班组定位与班组管理 ························· 107
第二节　班组管理的内容与措施 ······················· 110
第三节　班组建设 ··································· 116
第四节　班组长和工管员 ····························· 118
练习题 ··· 123
知识拓展　"五型"班组创建活动 ····················· 124

第十章
化工企业文化
及其建设 —— 126

第一节　企业文化概述 ……………………………… 126
第二节　企业文化建设 ……………………………… 132
第三节　企业形象塑造 ……………………………… 138
练习题 ……………………………………………… 146
知识拓展　瑞星集团企业文化建设 ……………… 146

第十一章
市场营销管理 —— 149

第一节　市场营销概述 ……………………………… 150
第二节　市场调查与预测 …………………………… 152
第三节　市场营销环境 ……………………………… 154
第四节　市场细分 …………………………………… 158
第五节　目标市场、市场定位与市场营销策略 …… 161
第六节　网络营销 …………………………………… 163
练习题 ……………………………………………… 166
知识拓展　老字号福牌阿胶的数字化营销突围之路 ………… 167

附录
工作场所职业
卫生管理规定 —— 168

参考文献 —— 178

第一章　概　　述

21世纪的今天，不仅是自然科学获得长足发展的时代，同时也是管理科学不断被完善和发展的时代，管理学在不断被系统化、科学化的同时，越来越被人们给予极大的关注并应用到社会生活中，尤其在工业企业领域，管理的作用更为突出。管理应用得当与否，直接关系到企业的兴衰。因此，现代工业企业要想在市场经济条件下求得生存和发展，必须依靠科学有序的管理，并在实践中不断提高企业管理水平。

通过本章学习，你将能够：

1. 了解管理实践与管理思想的产生及发展；了解管理的概念、内容与管理者；了解企业的分类；了解现代企业的概念；了解我国石油和化学工业发展的趋势；了解化工企业管理的内容。

2. 掌握企业的概念、特点；掌握企业管理的概念；掌握企业管理的职能；掌握企业管理的体系；掌握现代企业管理的基本特征；掌握现代企业管理的五大法则；掌握企业管理的基本原理与方法；掌握化工企业的概念、特点。

3. 知道企业管理的作用。

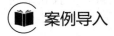 案例导入

丁谓的皇宫修复工程

宋真宗时期，皇城失火，皇宫被焚，宋真宗命丁谓重修皇宫。这是一个复杂的工程，不仅要设计施工，运输材料，还要清理废墟，任务十分艰巨。丁谓首先在皇宫前开沟渠，然后利用开沟取出的土烧砖，再把京城附近的汴水引入沟中，使船只运送建筑材料直达工地。工程完工后，又将废弃物填入沟中，复原大街，这就很好地解决了取土烧砖、材料运输、清理废墟三个难题，一举三得，使工程如期完成。

简单归纳起来，就是这样一个过程：挖沟（取土烧砖）→引水入沟（水道运输）→填沟（处理垃圾），足见丁谓修复皇宫的工程管理方案是非常科学的。

其实，这样的方法在现代社会中也是很常见的，中国鲁布革水电工程是这种管理模式成功的典范。

试结合案例及身边的一些事情，谈一下你对"管理"的看法。

第一节　化学工业的发展及作用

在世界文明发展史中，化学工业一直伴随着人类的生活，从最早的原始社会，人类为了求得生存和发展，在不断与大自然的斗争中，逐步地加深了对周围世界的认知，从而掌握了化学加工的方法，并且逐步在工业生产的规模上付诸实现。到现代社会，化学产品已应用到人们衣、食、住、行各方面，应用到工业、农业、医疗卫生、文化教育、休闲娱乐等各行各业，应用到航空、航天、核电、节能、环保等各种领域。

一、古代和近代化工史

（一）古代化工史

化学加工在形成工业之前的历史，可以从 18 世纪中叶追溯到远古时期。那时人类就能运用化学加工方法制作一些生活必需品，如酿酒制醋、炼铜冶铁、烧陶制砖、熬油造漆、纺织印染、造纸印刷、制造医药和火药等。

1. 我国古代的化学加工

据考古发现，我国新石器时代就有了陶器，公元前 50 世纪左右仰韶文化时期，已有红陶、灰陶、黑陶、彩陶等；同一时期，我国已掌握了生漆的使用方法，在浙江河姆渡出土文物中，有距今 7000 年前的朱漆碗；公元前 21 世纪，中国已进入青铜时代，公元前 5 世纪，进入铁器时代，并用冶炼之铜铁，制作武器、祭器、耕具、炊具、餐具、乐器、货币等；公元前 20 世纪，夏禹以酒为饮料并用于祭祀；公元前 11 世纪，周朝已设有掌盐政之官；公元前 10 世纪左右，人们就知道用草木灰杀虫，用草熏杀蠹虫；公元 1 世纪东汉时期，造纸工艺已相当完善；公元前后，于秦汉时期完成的最早的药物专著《神农本草经》，载录了动植物和矿物药品 365 种；公元 7—9 世纪已有关于黑火药三种成分混炼法的记载，并且在宋朝初期火药就已作为军用。

2. 其他国家古代的化学加工

埃及人在 5000 年以前的第三王朝时期开始酿造葡萄酒，并在生产过程中用布袋对葡萄汁进行过滤；公元前 7—前 6 世纪，腓尼基人用山羊脂和草木灰制成肥皂；公元前 4 世纪，古埃及人便已经具备了制作颜料的能力，他们通过水洗来提高土系颜料的纯度，并借此来提高颜料的色彩强度与纯度；15—17 世纪欧洲在制药研究中，在实验室制得了一些化学品，如硫酸、硝酸、盐酸和有机酸，虽未形成工业，但它导致化学品制备方法的发展，为 18 世纪中叶化学工业的建立准备了条件。

（二）近代化工史

从 18 世纪中叶至 20 世纪 20 年代是化学工业的初级阶段。在这一阶段无机化工已初具规模，有机化工正在形成，高分子化工处于萌芽时期。无机化工的第一个典型化工厂是 1749 年在英国建立的用铅室法生产硫酸的工厂，生产过程中先以硫黄为原料，后以黄铁矿为原料，产品主要用以制造硝酸、盐酸及药物；有机化工主要用以生产塑料、农药等化工产品；高分子化工主要有合成橡胶，合成纤维等，1839 年美国用硫黄加热天然橡胶，使其交联成弹性体，应用于轮胎及其他橡胶制品，标志着高分子化工的萌芽。

二、现代化学工业的发展

从 20 世纪 20 年代开始，进入了现代化学工业发展阶段。至 20 世纪 60 年代，化学工业真正进入了大规模生产阶段，石油化工得到了充足发展。这个阶段之初，各国科学家提出的概念和理论，奠定了化学工业的基础，推动了生产技术的发展，装置规模和产品产量都增长很快，这一时期的化工发展主要体现在合成氨工业、石油化工、高分子化工和精细化工。

20 世纪 60 年代后，石油化学工业已发展成为国民经济的基础产业和支柱产业，在经济和社会发展中起着重要作用，乙烯产量已作为一个国家化学工业发展程度的重要标志。高分子化工的三大合成材料即塑料、化学纤维、合成橡胶品种齐全，并形成了大规模化生产。

20 世纪 70 年代后期开始，精细化工蓬勃发展。精细化工产品已逐步应用到人们生产生活的各种领域，精细化工产品品种繁多，据国家统计局数据，中国精细化工行业的工业总产值从 2008 年的 1.2 万亿元增至 2021 年的 5.5 万亿元，"十四五"期间预计突破 11 万亿元。

三、我国石油和化学工业发展的趋势

化学工业是我国国民经济重要的基础产业，也是中国制造业的主要产业之一。我国化学工业经过几十年的发展，特别是近十多年的发展，取得了举世瞩目的巨大成就。随着世界经济环境良性发展和我国国内市场需求旺盛，我国的石油和化学工业在今后一个时期仍处于迅速发展的上升趋势，具体表现为以下几个方面：

① 大型化学工业园区建设将更快速发展，农用化学品将进一步发展；

② 为国民经济重点产业配套的精细化工和专用化工产品将成为新的增长点；

③ "绿色化工"将成为化学工业发展的必然趋势；

④ 我国化学工业产业结构发生了重大变化，生产过程正由劳动密集型向知识技术密集型迅速转化。

四、化工及其在国民经济中的地位和作用

发展化学工业对于改进工业生产工艺、发展农业生产、扩大工业原料、巩固国防、发展尖端科学技术、改善人民生活以及开展综合利用都有很大作用，它是国民经济中的一个重要组成部分。化学工业已成为一个国家国民经济的重要支柱，化工产值占 GDP 的比重已经是经济现代化的重要标志，在世界综合国力的竞争中，现代化学工业能否保持领先地位，已成为一个国家能否取胜的重要因素之一。

第二节 管理概述

一、管理实践与管理思想的产生及发展

（一）我国管理实践与管理思想的产生及发展

1. 我国古代的管理实践活动

（1）我国古代国家的管理

我国早在先秦时期就已经有一套从中央到地方的行政管理制度，商朝时，中央设置相、卿士，辅佐商王处理国家大事；设置卜、祝、史，负责祭祀占卜和记录国家大事；设置师，执掌军权。地方封侯伯，他们既是臣服于商朝的一国首领，也是商朝的高官，他们定期要向商王纳贡，并奉命征伐。周朝设立了"三公""六卿""五官"，分管朝廷的各种政务，同时辅以监狱、军队等来对国家实施管理。

（2）我国古代大型工程的建造管理

长城、秦兵马俑、都江堰、阿房宫等两千年前大型工程的构建，仅靠单纯的人力和物力是完成不了的，这些浩大工程的竣工说明我国古代就已经具备了很高的管理水平。

2. 我国古代的管理思想

我国的历史源远流长，在上下五千年历程中，有着丰富的治理国家、发展农商、战争攻守、教化百姓、文化礼仪等文化典籍，以及探究天理、人性等哲学著作，其中大都蕴含着丰富的管理学思想。如《孙子兵法》被世界誉为最深刻、永远新鲜的管理经典。我国历史上如孙子、老子等都可称之为管理的典范人物。

① 民本思想："以民为本"的思想是中华传统文化的主流思想，孔子曰："自古皆有死，民无信不立。"取信于民，为民请命是古代时一个重要的管理目标。

② 人和思想：儒家提倡"礼之用，和为贵"。"和"强调的是人际关系融洽、和谐，和则兴邦。

③ 治众如治寡的思想：《孙子兵法》是一部不朽的兵书，也是多处闪烁着我国古代管理思想精华的名典。《孙子兵法》中说"凡治众如治寡，分数是也；斗众如斗寡，形名是也。"这里的"分数"就是指可以指挥管理的人；"形名"，就是指通信指挥的工具，如旌旗的信号、战鼓的声音等。

④ 名正言顺的思想：孔子曰："名不正则言不顺，言不顺则事不成，事不成则礼乐不兴。"实际上就是职责相符，职权相配的观点。《周礼》一书中，更是用了大量篇幅论述了官职的名称、职责范围、相应的权力、上下隶属关系等内容。

⑤ 求治防乱的思想：老子指出："为之于未有，治之于未乱。"要想"求治防乱"，一定要防患于未然。

⑥ 守信思想：孔子曰："君子信而后劳其民。"

⑦ 求实思想：实事求是，办事从实际出发，是思想方法和行为的准则。儒家提出"守

正"原则，看问题不要偏激，办事不要过头，也不要不及，"过犹不及"，过了头超越客观形势，易犯冒进错误；不及于形势又错过时机，流于保守。两种偏向都会坏事，应该防止。

（二）西方管理实践和管理思想的产生与发展

西方管理实践活动虽然开展的时间不长，但管理思想发展速度极快，且基本上分成三个阶段。

1. 传统管理阶段

传统管理阶段也被称为经验管理阶段，从 18 世纪 80 年代到 19 世纪末，在工厂制度的早期，管理思想就出现了萌芽。这一阶段的主要特点有两个：一是企业所有者就是管理者，管理者凭个人经验和感觉进行管理，没有标准和规程；二是管理知识和操作技能的学习依靠师傅带徒弟的方法，没有正规的、统一的培训方式。

2. 科学管理阶段

科学管理阶段是从 20 世纪初到 20 世纪 40 年代。在这个阶段，管理实践经验不断被积累起来，并被提升到理论的高度，出现了许多理论学说，它们从不同的层面对管理进行了卓有成效的研究，为管理理论的发展奠定了基础，为进一步形成理论体系做出了巨大的贡献。其中的代表人物有美国人泰罗和法国人法约尔。

这一管理阶段的特点主要有三个：一是企业所有者与管理者分离；二是科学的管理方法和技能取代了经验管理；三是管理开始系统化。

3. 现代管理阶段

现代管理阶段是从第二次世界大战后至今，在这个阶段，由于科技的发展，生产力的提高，新的管理理论、思想、方法不断涌现，出现了"百家争鸣"的局面。主要代表人物有乔治·艾顿·梅奥和孔茨。

二、管理的概念

现代意义上的管理是指管理者为了达到一定目标，在其管辖范围内进行的一系列计划、组织、领导和控制等活动过程。管理活动自古就有，它是人类组织社会活动的一个基本手段。

> 管理就是"管"和"理"，要把整个流程理顺，并按要求去管。当然，先管再理还是先理再管，要看自己的具体情况。

三、管理的内容

管理的内容主要包括以下四个方面。

（1）管理的目标。

（2）管理的手段：一般包括行政手段、法律手段、经济手段、思想政治工作等。

（3）管理的对象：一般包括人、资金、物资、时间和信息等。

① 人是财富的创造者、时间的利用者和信息的沟通者，是管理对象的核心；

② 资金和物资是企业发展的物质基础；

③ 时间是企业效率的反映；

④ 信息是管理决策的依据。

（4）管理的职能：主要有计划、组织、领导和控制四项职能。

四、管理者

管理者，简单地说就是管理活动和管理职能的承担者。美国学者斯蒂芬·P·罗宾斯认为，管理者就是那些在组织中指挥别人活动的人。随着管理作用的日益发挥，作为管理活动主体的管理者在组织中的地位也越来越重要，从某种意义上说管理者是组织活动成败的关键因素。管理大师德鲁克曾说过这样的话："如果一个组织运转不动了，我们当然是去找一个新的总经理，而不是另雇一批工人。"

1. 管理者的能力

① 管理者要有全局性和预见性的战略思想与战略眼光。

② 管理者应具有领导力。领导力是一种能够激发团队成员热情与想象力的能力，是一种能够统帅组织成员全力以赴去达成目标的能力，具有影响别人，让别人跟从的能力。

③ 管理者应具备相应的专业知识和技术。管理者能够运用一定的知识、技术、工具和程序完成工作任务，如工程师要具备工艺设计方面的知识和技能、销售经理要具备产品知识和推销能力等。专业知识和技术对管理者来说是非常必要的，如果不具备这些技能，管理者就无法对下属的工作进行很好的指导、监督。

④ 管理者应具备与人打交道的能力。作为管理者，必须经常与各种各样的人打交道，其中既包括组织内部的各种人员，如上级管理者、同事和下属等，又包括组织外部的各种人员，如政府工作人员、供应商等，因此管理者必须具备进行有效交往和沟通的能力，以实现自己的管理职责。

⑤ 管理者应具备洞察事物本质及相互关系的能力。管理者面对的环境通常是复杂的，因此他们必须能够对各种环境做出正确的分析和判断，并在此基础上做出决策。

⑥ 管理者应具有很强的执行能力。所谓执行能力，指的是管理者能够贯彻企业的战略意图，完成预定目标的操作能力，是把组织的战略、规划转化成效益、成果的关键。

⑦ 团队建设的能力。

> 现代企业管理者必备的6大素质：思想素质、品德素质、知识素质、能力素质、身体素质、心理素质。

2. 管理者的职责

① 确定被管理者的工作任务。

② 规定被管理者的工作方法。

③ 制订本部门的工作标准，并予以监督实施。

④ 制订工作考核方面的制度，并组织考核。

第三节　企业及企业管理

一、企业的概念

根据我国《企业法》中的描述，企业就是以营利为目的，从事生产经营和服务活动的经济组织。它具体包括以下三方面的内容。

① 企业有其自身遵循的经营规律，是具有法人资格，能自主经营，独立核算的经济组织。

② 企业是在社会生产力发展到一定程度，随着商品经济的发展而产生和发展起来的。

③ 企业为适应社会化大生产的需求，运用科学技术从事工业生产，为社会经济提供工业产品的经济组织形式。

> 企业的发展历程：手工业生产时期（16世纪—17世纪）、工厂生产时期（18世纪60年代—19世纪末）、企业生产时期（19世纪末至今）。

二、企业的基本特点

企业是一个历史性的经济范畴，是商品生产和社会分工的产物，它的产生经历了简单协作、工场手工业和机器大工业三大阶段。从其长期的生产经营活动实践分析，工业企业的基本特征主要有以下几个方面。

1. 企业是法人

企业成立之时，必须向国家工商行政管理部门申请注册，经批准后依法成立，在法律上具有合法的地位和权益，承担相应的义务和责任。法律将维护其正当的利益，同时对企业行为进行约束。

企业一般由企业的厂长、公司的董事长或总经理担任企业的法定代表人，代表企业行使各种相应的权利。

2. 企业是一个经济实体

企业是一个经济实体，在于其具有生产和服务的实实在在的过程，在这个过程中，会消耗各种资源，最终产出产品或付出劳务。

3. 企业以营利为目的

利润的高低是对企业生产经营活动成果的最有效检验，企业只有有效地利用所拥有的资源，最大限度地获取利润，才能保证企业的生存和发展，才能不断地为社会提供满意的商品，推动人们生活水平的提高。

4. 企业有权实行自主经营和独立核算

企业的营利性特征要求它必须拥有自主权，即拥有可以独立支配的财产，并自主经营，自负盈亏，实行独立核算。如果企业没有经营自主权，而要求它承担盈亏责任，是不利于企业发展的。

三、企业的分类

按照不同的标准，企业可以分为不同的类型，具体如下。

① 按照不同的经营方向、不同的技术基础，可将企业划分为工业企业、农业企业、运输企业、旅游企业、物流企业、金融企业等。

② 按照生产资料所有制形式的不同，可将企业划分为全民所有制企业、集体所有制企业、私营企业、外资企业等。

③ 按照某种资源的密集程度，可将企业划分为劳动密集型企业、资金密集型企业和知识技术密集型企业。

四、企业管理

（一）企业管理的概念

企业管理是指人们在一定的社会制度下，依照一定的规律、原则、程序和方法，对企业能够支配的人力、财力、物力和信息等各种资源及其经济活动过程进行计划、组织、指挥、控制及协调，以取得最佳经济效益的动态过程。

（二）企业管理的基本原理

在企业管理活动中，要运用科学的方法，进行最有效的管理，我们就必须掌握科学管理的原理。

1. 二重性原理

管理的二重性是指管理既具有自然属性，也具有社会属性。因此，工业企业在实施管理过程中，一方面必须注意适应现代化大生产的要求，采取科学的方法合理组织生产力；另一方面企业还必须注重管理的社会属性，管理者要坚持全心全意为人民服务，处理好国家、企业、员工三者之间的关系。

2. 系统原理

系统原理是运用系统（整体）论的基本思想和方法指导管理实践活动，解决和处理管理的实际问题，系统原理是管理中重要的指导思想。系统管理相对应的管理原则如下：

① 整分合原则。高效率的管理必须在整体规划下有明确分工，又在分工的基础上有效地综合。

② 能级原则。能级原则指组织内的职权和责任应按照明确而连续不断的系统，从最高管理层一直贯穿到组织最底层，做到责权分明，分级管理。

③ 反馈原则。任何特定组织都是一个闭环控制系统。管理方式和管理手段构成一个连续闭合的回路，在这个闭环系统中，反馈起着关键的作用。反馈将经过处理后输出的信息又回到输入端，以影响系统性能，控制整个系统，因此只有管理体制上保证信息反馈的有效运转，才能使管理工作充满活力。例如管理高效的企业下达任务后，同时要制定反馈方案，进行定期的检查，以验证效果，发现问题，及时纠正和改进，才能保质保量地完成任务。

3. 人本原理

人本原理是指管理要以人为本，人既是管理的主体，又是管理的客体，离开了人，就不存在管理。因此，如何创造良好的社会环境和管理环境，充分发挥人的主观能动性是做好人本管理的关键所在。另外，要做好人本管理，还必须把握好以下几个原则：

① 个性发展原则。企业中以人为本的管理从根本上说是以企业全体成员的全面自在的发展为出发点。它要求企业在成员的岗位安排、教育培训、工作环境、文化氛围等方面均以是否有利于当事人潜质的发挥与未来的成长为着眼点。

 案例

群众路线的核心在于以人为本

辽宁双鞍工业集团多年来坚持以职工为本，践行群众路线，推进民主管理，让职工群众成为改革创新的主力，把"以员工为本"落实到思想政治工作和企业文化建设中。

一是在思想上尊重员工。针对员工思想中存在的问题，探讨建立人性化的管理模式，在员工自我调整、自我成长、自我实现等方面给予充分尊重，充分调动和发挥员工在支持、参与、配合经营管理等方面的积极性与创造性。

二是在情感上贴近员工。与员工建立常态化的沟通机制和高效化的帮扶机制，真切地感受员工的喜怒哀乐、安危冷暖，尽心竭力地解决好员工所急、所需、所盼的问题。

三是在工作上关爱员工。把对员工的人文关怀放在突出位置，把为员工减轻心理压力作为重要举措，从业务流程优化、内部架构调整、考核机制完善、信息技术应用、员工教育培训以及职业生涯规划等方面入手，最大限度地缓解员工压力、调动员工热情、激发员工潜能，切实让员工体会到企业的关爱和尊重。

该集团努力营造一个员工间有效沟通、彼此尊重、充分信任、相互激励的工作环境，通过各种正式或非正式活动，增加员工工作中相互支持的机会，使员工间始终保持和谐友善的人际关系，稳定工作情绪，激发工作热情，增加积极情绪体验，从而提高团队工作效率。所属企业领导想员工所想、办员工所需，深入生产一线，了解员工工作情况，把握员工思想脉搏，真正让员工受到尊重、得到实惠，让员工在企业这个大家庭里感受到工作有奔头、生活有温暖。

② 引导性管理原则。人本管理是不需要权威和命令的管理，它的实质是企业成员的自我管理，企业管理者在行使管理职能时不是像过去那样的命令指挥，而是建议引导。

③ 个人与组织共同成长的管理原则。

> 现代企业的用人方略：信任是基础，事业是平台，利益是杠杆，感情做纽带。

4. 责任原理

企业中的每个人都必须清楚自己在企业中的位置，以及必须承担的责任，明确自己应该完成的任务。作为管理者，要运用好责任原理，就要处理好权力、利益和能力之间的关系，对于出色地完成了任务的员工，应当给予奖励；相反，对不能胜任工作的员工，要给予处罚。以此调动员工的积极性，不断提高自身的能力，让自己更好地履行应有的职责，为企业的发展做出更大的贡献。

5. 效益原理

所谓效益是指产出与投入之间的比例关系，其中包含两种意义即企业的经济效益和社会效益。因此，企业管理不能一味地追求最新技术、最优产品、最高利润、最低成本，而是要根据社会需要、企业条件、消费者利益采用最有效的技术，达到最适应的质量，以合理的成本取得令人满意的利润，注重经济效益和社会效益并重。

（三）企业管理的职能

1. 计划职能

凡事预则立，不预则废。计划是管理的首要职能，是企业在生产经营活动中根据未来市场的发展变化规律，做出各种预测和决策。计划职能的核心是确定目标及达到目标的手段，本质是把握未来，重点是正确预测和科学决策。计划作为管理的基本职能，具有以下特点。

① 计划的领先性。计划在管理职能中处于首要地位，对管理的组织、领导、激励、控制等职能具有领先的影响作用，是这些管理工作的基础，计划的优劣直接决定了其他管理职能的结果。

② 计划的普遍性。在一个企业之中，各级管理层次，所有的职能机构都有决策计划工作。

③ 计划的有效性。在对企业未来的活动进行预计规划时，重要的任务之一就是合理配置资源，提高企业效率，这是计划有效性的主要表现。

④ 计划的严肃性。计划是在科学预测的基础上，经过反复论证确定的，计划一经确定，不得随意更改。计划在执行中遇到情况变化和不可抗拒因素的干扰，需要调整修改时，要根据有关规定，按照一定程序，郑重地予以修订。

⑤ 计划的灵活性。在保持计划严肃性的同时，计划必须有一定的弹性，以便在情况发生变化或偶然性因素突然出现时，有变动回环的余地。

> 计划工作的内容：即做什么（what），为什么（why），何时做（when），何地做（where），谁去做（who），怎样做（how），俗称"5W1H"。

2. 组织职能

组织职能是指将实现企业目标的各种要素和人们在生产经营活动中的相互关系合理地组织起来，从而形成一个有机结合的整体，使企业的人、财、物、信息得到最合理的利用。企业管理的组织职能不仅是企业计划目标实现的根本保证，而且也是其他管理职能发挥作用的前提。

3. 领导职能

领导职能就是命令、指挥、指导及教育组织成员，共同完成组织的任务，实现管理计划。

4. 协调职能

协调职能是管理者为了保证生产经营活动按计划目标正常进行，对企业内部各部门和各环节之间，以及企业与外部环境之间的和谐进行平衡和调节。

5. 控制职能

控制职能就是指在计划执行过程中，要经常检查计划的执行情况，将实际情况同原计划、目标、标准对比，找出偏差，采取措施纠正偏差或修订原定计划。控制职能的内容十分广泛，就其计划而言，主要包括控制计划和控制行动两方面内容。

五种职能是相互联系、相互制约、相互依赖、缺一不可的有机整体。通过计划，企业才有明确的经营目标和具体的行动指南；通过组织，才能使企业形成一个有机整体，建立完成任务、实现目标的手段和企业正常的生产秩序；通过领导，才能提升企业员工的凝聚力，才能保证各项工作的顺利开展；通过协调，才能使企业员工的个人工作与所要达到的企业目标协调一致；通过控制，才能检查计划的实施情况，保证企业目标的实现。

（四）企业管理的基本方法

企业是一个复杂的系统，管理企业不能只凭经验，而应该运用合理科学的方法进行管理。目前我们所运用的方法，可以归结为以下几种：

（1）经济方法

是指按照客观经济规律的要求，正确运用经济手段来执行管理职能的方法。如以提高经济效益为目的，实行责、权、利相结合的经济管理制度等。

（2）行政方法

是指企业各级行政组织机构运用其权力，通过决议、命令、定额等行政手段和措施直接对管理对象产生作用。

（3）法律方法

是指企业运用国家的有关法规来管理生产经营活动和职工行为的方法。

（4）教育的方法

企业通过各种教育培训，不断提高职工素质，调动职工的工作积极性，进而加强对企业的管理。

（五）企业管理的作用

① 提高企业管理水平，适应社会需求和科学技术发展的需要，通过管理提高企业的技术水平，促进生产发展，提高企业的经济效益。

② 企业管理主要是运用各种有效的管理方法和手段保证企业生产劳动的顺利进行，企业管理水平的提高有助于提高产品的产量和优化产品的质量。

③ 提高企业的管理水平，不断改进和采用科学的、现代的管理方法，创新管理特色，有助于提高企业竞争力，促进企业的发展壮大。

（六）企业管理的体系

企业管理是一个系统完整的体系，具体可分为以下几个方面。

1. 目标管理

目标管理简称 MBO，是 20 世纪 50 年代中期由美国企业管理专家德鲁克、施勒等人创立的。它是让企业管理人员和工人亲自参加计划制订，在工作中实行"自我控制"，并努力完成工作目标的一种现代化管理制度。目标管理的内容主要包括以下几个方面。

① 制定目标：企业的目标一般包括总目标、定量目标和保证措施三部分内容，制定目

标时要把握以下原则：一是目标的制订要经过充分的协商；二是目标要适度；三是目标要有可考核性；四是目标的期限要适当；五是目标的数目要适当。

② 目标分解：企业目标确定以后，要进行分解落实。具体做法是：由企业领导提出企业目标，各车间、科室根据企业目标，结合本部门实际情况，提出车间、科室目标；各工段、班组根据车间目标再提出工段、班组目标；最后每个职工根据工段、班组目标制订个人目标。

③ 目标控制：目标控制主要包括对目标的组织、指挥、监督、检查、考核、处理等，以及对旬、月、季各阶段目标的衔接、协调、平衡。

④ 成果评价：把定量目标值与实际成果值进行比较，并做出评价，同时要把评价的结果与奖励直接挂钩。

 案例

有三只野猫追一只地鼠，地鼠钻进了一个树洞。这个树洞只有一个出口，过了一会儿，居然从树洞里钻出一只兔子，兔子飞快地向前跑，并爬向另一棵大树。兔子在树上，仓皇中没有站稳，掉了下来，砸晕了正抬头看的三只野猫。

这个故事告诉了我们什么道理？

在追求人生目标的过程中，我们有时也会被途中的细枝末叶和一些毫无意义的琐事分散精力，扰乱视线，或是中途停顿下来，或是走向岔路，而放弃了自己原先追求的目标，不要忘了随时提醒自己，"地鼠"哪去了？自己心中的目标哪去了？

2. 战略管理

企业战略是指为了更理想地实现企业的长期目标而制订的一系列决策，采取的一系列活动，以及对企业资源进行的总体分配。企业战略可分为企业总体战略、企业竞争战略和企业职能战略三种基本类型。

3. 生产经营管理

工业企业的生产经营管理主要包括以下几方面内容。

（1）生产和技术方面的管理

① 生产管理。生产管理一般广义理解为对工业企业生产全过程的管理。

② 技术管理。技术管理主要是指进行技术改造，采用新技术、新工艺，提高企业的技术水平，完善技术标准的管理。

③ 质量管理。质量管理主要是指对产品质量的全面管理，包括产品质量、工序质量和工作质量。

④ 设备管理。设备管理主要是指对设备的合理使用和全面维护保养，也包括对相关生产工具的供应、制造、使用、保管、维修，保养等内容。

（2）物资供应和产品销售方面的管理

① 物资供应管理。物资供应管理主要包括各种物资需求品种、数量以及采购价格的确定，各种物资消耗定额和储备定额的制订，编制物资的采购和供应计划以及各种物资的采购、运输、保管和使用的全过程。

② 销售管理。销售管理主要包括产品的销售渠道和销售网络的建立和扩展、市场调查和售后服务等方面的内容。

③ 财务和成本管理。财务和成本管理主要包括生产资金筹措、固定资产与流动资金管理、成本的控制等内容。

4. 人力资源管理

人力资源管理是指管理者通过对取得、开发、保持和利用人力资源所采取的一系列措施，来合理搭配资源，调动劳动者的主观能动性，使人尽其才，事得其人，最终实现组织目标的管理过程。

5. 企业信息化管理

企业信息化管理主要指企业利用现代信息管理技术，合理利用网络、计算机等现代化管理手段，合理开发和利用信息资源，全面提升企业的现代化管理水平。

6. 企业的文化管理

企业文化管理是指以企业家为核心的管理层通过积极的引导和塑造，把企业内各层次的亚文化有效整合为企业的主流文化，以充分发挥其激励、约束作用。它主要包括物质文化、行为文化、制度文化、精神文化四个层次。

> 现代企业的用人方略：信任是基础，事业是平台，利益是杠杆，感情做纽带。

五、现代企业管理

（一）现代企业的概念

现代企业是在社会经济全球化、信息化的背景下，为适应社会化大生产的需要，运用现代科学技术和先进的管理理念，进行管理和生产经营活动的新型经济组织形式。

（二）现代企业管理的基本特征

① 以市场需求为导向。

② 以经济效益为根本。营利是企业生产和经营的根本目的，经济效益是企业的核心目标，贯穿于企业生产运营的全过程。

③ 以优质服务为前提。企业要满足需求者的服务要求，主动认真地提供需求者满意的优质服务。

④ 以合法竞争为手段。在市场经济的条件下，合法竞争是企业生产发展的重要手段。

⑤ 以人力资源为保障。人力资源是企业最宝贵的资源和财富。

（三）现代企业管理的五大法则

1. "南风"法则

有这样一则寓言：一天，北风要和南风比一下谁的威力更大，谁能用最短的时间把行人身上的外套吹掉。于是北风使劲地吹，顿时大风凛冽，寒冷刺骨，结果由于行人怕冷，把外套裹得更紧了，北风未能如愿。南风则徐徐吹动，顿时风和日丽，行人因为觉得春意上身，开始解开纽扣，继而脱掉外套，最终南风获得了胜利。

南风法则给我们的启示：领导者在管理中运用"南风"法则，就是要尊重和关心下属，以下属为本，多点人情味，使下属真正感觉到领导者给予的温暖，从而去掉包袱，激发工作的积极性。

2. 木桶法则

一位国王给他的两个儿子一些长短不同的木板，让他们各做一个木桶，并向他们承诺，谁做出的木桶装水多，谁就可以继承他的王位。大王子在做木桶时尽量把自己的木桶做大，结果木桶还没做完，木板便用光了；二王子平均地使用了这些木板，做出了一个看上去桶壁并不很高的木桶。国王让两人用自己做的木桶去装水，结果二王子并不起眼的木桶装水多，最终二王子得到了王位。

木桶法则给我们的启示：管理者在管理过程中要有全局观，在管理过程中要下功夫狠抓单位的薄弱环节，否则，单位的整体工作就会受到影响。

3. 鱼缸法则

某公司大厅摆放着一个漂亮的鱼缸。鱼缸里有十几条热带鱼，长约两寸，长得很漂亮，进进出出的人几乎都会因为这些美丽的鱼而驻足停留。一晃三年过去了，小鱼们的个头似乎没有什么变化，依旧两寸来长，仍旧在小小的鱼缸里游刃有余地游来游去。

一天，一名客户看到这些小鱼，很是好奇，于是非常兴奋地试图去抓一条上来，结果鱼缸被他从桌子上推了下去，碎了一地，小鱼们顿时失去了栖身之所。

人们急忙把它们捡起来，但是鱼缸碎了，把它们安置在哪里呢？人们四处张望，发现只有院中荷花池可以作为它们的暂时容身之所，于是人们把那十几条鱼放了进去。两个月后，当新鱼缸被买回来之后，人们纷纷跑到荷花池边捕捞那些漂亮的小鱼。不一会儿，十几条鱼都被捞起来了，但令他们惊讶的是，仅仅两个月的时间，那些鱼竟然都由两寸来长疯长到了一尺！

"鱼缸"法则给我们的启示如下。

① 在管理中，要增加各项工作的透明度。各项工作有了透明度，企业各级领导的行为才会置于企业全体成员的监督之下，这样才能有效地防止领导者滥用权力，从而强化领导者的自我约束机制。

② 环境无论是对企业或是对个人都起着至关重要的作用。

4. "热炉"法则

每个企业都有自己的规章制度，企业中的任何人触犯了它，都要受到惩罚。

"热炉"法则给我们的启示如下。

① 警告性原则：热炉火红，不用手去摸也知道炉子是热的，是会灼伤人的。领导者要经常对下属进行规章制度教育，以警告或劝诫下属不要触犯规章制度，否则会受到惩处。

② 即时性原则：每当你碰到热炉，马上就会被灼伤。也就是说只要触犯企业的规章制度，就一定会受到惩处，惩处必须在错误行为发生后立即进行，绝不拖泥带水，绝不能有时间差，以便达到及时改正错误行为的目的。

③ 公平性原则：不管谁碰到热炉，都会被灼伤，即制度面前人人平等。

5. "刺猬"法则

两只困倦的刺猬，由于寒冷而拥在一起，可是因为各自身上都长着刺，很容易刺到对方，于是它们离开了一段距离，但又冷得受不了，于是又凑到了一起……几经折腾，两只刺猬终于找到一个合适的距离：既能互相获得对方的温暖又不被对方扎到。

"刺猬"法则给我们的启示：领导者要管好企业，应该与下属保持亲密关系，但同时又要与下属保持心理距离，避免在工作中丧失原则。

第四节　化工企业管理概述

1. 化工企业的概念

化工企业是指从事生产、经营化工产品的企业。

2. 化工企业的特点

（1）高度自动化、连续化生产

化工生产属于高度自动化的连续生产过程，从原材料到产品加工的各个环节都是通过管道输送，自动控制，形成了一个紧密衔接的生产系统。

（2）高能耗性

化工生产的能耗在各工业部门中占首位。这是由于化工生产既要用煤、石油、天然气做燃料、动力，又要用它们作为化工原料。特别是有些化工产品需要在高温、高压下进行生产，这样势必要消耗更多的能源。

（3）生产规模大型化

近 20 多年来，国际上化工生产采用大型生产装置是一个明显的趋势。以化肥为例，20 世纪 50 年代合成氨的最大规模为 6 万吨/年，到 20 世纪 70 年代则发展为 54 万吨/年，近年来，一般规模的化工厂合成氨的年产量动辄 500 万吨以上。

（4）高危险性

化工生产的原料、半成品、成品和副产品种类繁多，且大部分都是易燃、易爆、有毒、有腐蚀性的化学品，不利于原材料或产品的储存与运输，如重要的化工原料甲醇，它不但有毒、有腐蚀性还易燃易爆。

（5）工艺条件的苛刻性

有些化学反应在高温、高压下进行，有些要在低温、真空下进行。例如，由轻柴油裂解制乙烯，进而生产聚乙烯的生产过程中，轻柴油在裂解炉中的裂解温度为 800℃，而裂解气要在深冷（−96℃）条件下进行分离。

3. 化工企业管理的内容

化工企业管理涉及化工企业生产前、生产中、生产后的一系列管理内容，具体包括：人力资源管理、劳动管理、生产管理、质量管理、设备管理、安全与环境管理、班组管理、企业文化及其建设、市场营销管理等内容。

4. 学习化工企业管理的意义

化工企业管理是一门应用性很强的学科，它直接指导化工企业管理的具体实践，促进化工企业管理水平的提高，在当前经济全球化的大背景下，努力提高管理水平，增强企业的竞争能力和发展能力，已成为当务之急，因此学习化工企业管理具有十分重要的理论意义和现实意义。

① 有助于合理组织生产力，充分发挥生产力在化工企业生产中的作用，从而保证企业经营目标的实现，保证企业的生存和发展。

② 有助于掌控化工企业生产过程中的安全隐患和环境污染，为企业的安全生产和员工的身心健康提供保证。

③ 有助于把握生产设备的运行规律，提高设备的使用寿命，节约企业生产成本。

④ 有助于企业产品质量和数量的提升，为企业创造更高的经济效益和社会效益。

⑤ 有助于掌握化工企业管理的基本原理和基本知识，熟悉企业管理的主要职能和一般过程，掌握现代管理的科学方法和技能，为今后工作奠定一定的理论基础。

 练习题

一、思考题

1. 中国古代的化学加工体现在哪些方面？

2. 化工在国民经济中的作用和地位如何？

3. 企业的概念、特点各是什么？

4. 什么是企业管理？

5. 企业管理的职能有哪些？

6. 企业管理的基本方法有哪些？

7. 简述企业管理体系包含哪些内容？

8. 现代企业的特点是什么？

9. 简述现代企业管理的法则有哪些？

10. 化工企业的概念和特点各是什么？

11. 学习化工企业管理的意义有哪些？

二、案例分析

结合本章所学内容，根据"丁谓的皇宫修复工程"案例，谈谈你对化工企业管理的基本认识。

 知识拓展

优秀企业最常见的六种高效管理模式

1. 抽屉式管理

抽屉式管理是指每个管理人员办公桌的抽屉里都有一个明确的职务工作规范，这份工作规范明确、清晰界定了管理者及其岗位的职责、权利和义务，在实际工作中，管理岗位及其任职管理人员，既不能有职无权，也不能有责无权，更不能有权无责，必须职、责、权、利相互结合。

在进行岗位分析或者职务分析时，"抽屉式"是被实践验证的行之有效，行之高效的管理模式，一些经济发达国家的大中型企业都非常重视抽屉式管理和职位分类，并且都在抽屉式管理的基础上，不同程度地建立了更加细致的职位分类制度。

企业实施抽屉式管理模式的五个步骤：

第一步，建立一个由企业各个部门组成的职务分析小组；

第二步，正确处理企业内部集权与分权的关系；

第三步，围绕企业的总体目标，层层分解，逐级落实职责权限范围；

第四步，编写职务说明、职务规格，制定出对每个职务工作的要求准则；

第五步，必须考虑到考核制度与奖惩制度相结合。

2. 危机式管理

危机式管理是企业为应对各种危机情境所进行的规划决策、动态调整、化解处理及员工培训等活动过程，其目的在于消除或降低危机所带来的威胁和损失。通常可将危机式管理分为两大部分：危机爆发前的预计、预防管理和危机爆发后的应急善后管理。

不同类型的危机，处理的方法存在着很大的差异。在处理危机前，企业首先确定危机的类型，以便于有针对性地采取对策。企业面临的危机主要有八种：信誉危机、决策危机、经营管理危机、灾难危机、财务危机、法律危机、人才危机、媒介危机。

3. 一分钟管理

一分钟管理本质上是一种由简到繁，再由繁到简的循环过程，管理的最终目的和至高境界是简单管理、简约管理，甚至是无为而治。它具体内容为：一分钟目标、一分钟赞美和一分钟惩罚。

一分钟目标：指企业中的每个人都将自己的主要目标和职责明确地记在一张纸上。每个目标及其检验标准应该在 250 个字内表达清楚，在一分钟内就能读完。这样，便于每个人明确认识自己为何而干、怎样去干，并且据此定期检查自己的工作。

一分钟赞美：企业的管理者经常花费不长的时间，在员工所做的事情中挑出正确的部分加以赞美，这样可以促使每位员工明确自己所做的事情，更加努力地工作，并不断向完美的方向发展。

一分钟惩罚：指某件事本该做好却没有做好，对有关人员首先进行及时批评，指出其错误，然后提醒他"你是如何器重他，不满的是他此时此地的工作"。这样，可以使做错事的人乐于接受批评，并注意避免以后同样错误的发生。

4. 破格式管理

破格式管理是根据能力、效绩决定员工升降去留。在企业诸多管理方向中，将重心设置为人的管理，通过对人的管理来达到管理目标，可以看作是管理的一种思路上的捷径。

以创新和变革为例，激发人的创新意识，激发人的变革行为绝对是最有效率的做法。这种人力资源的变革，尤其以破格培养、选用、提拔人才为要务。

5. 和拢式管理

"和拢"是整体和个体合成的意思，表示管理必须强调个人和整体的配合，创造整体和个体的高度和谐。不同于传统上的泾渭分明的分工管理，和拢式管理更强调个人奋斗，从而促使不同的管理相互融合、相互借鉴。它的具体特点是：

① 既注重整体，同时注重个体，企业每个成员对公司产生使命感。

② 有效授权和高度自我管理，放手让下属做决策，自己管理自己。

③ 遵循原则，但灵活多变，现代管理必须实行灵活经营战略，在波动中进步和革新。

④ 增进交互，增强配合，"和拢"意味着不同的看法、做法相互补充交流，使一种情况

下的缺点变成另一种情况下的优点。

⑤ 既存在个体分散，又强调整体协调，一个组织中单位、小组、个人都是整体中的个体，个体都有分散性、独创性，通过协调形成整体的形象。

⑥ 上下同欲、同频共振，企业与个人之间达成一种融洽和谐、充满活力的气氛，激发人的内驱力和自豪感。

6. 走动式管理

走动式管理是强调管理者亲临一线、亲临现场的管理意识和模式。走动式管理不是到各个部门走走而已，而是要搜集最直接的讯息，以弥补正式沟通管道的不足。敏锐的观察力是走动管理成功的要素，在走动的过程中，管理者必须敏锐地观察工作的情境与人员，及其所透露出的讯息；同时也透过询问、回答、肢体语言等，对讯息做出及时的回应。

第二章　人力资源管理

在现代市场竞争日益激烈的全球经济一体化背景下，企业与企业之间、国家与国家之间的竞争，归根结底是人才的竞争。谁拥有了人才，谁就将处于竞争的主导地位。因此现代企业，特别是现代工业企业更是将人才视为企业生存发展的基本资源，将人力资源管理视为企业生存和发展的重要保证。

通过本章学习，你将能够：

1. 了解资源与人力资源的含义；了解人力资源管理的原则；了解人力资源管理的意义；了解人力资源规划的任务、原则与内容；了解员工招聘的渠道。

2. 掌握人力资源管理的含义与职能；掌握人力资源的特点；掌握人力资源规划的概念；掌握人力资源开发的含义、内容与原则；掌握员工招聘的原则与程序；掌握培训员工的原则；掌握员工绩效考核的内容；掌握薪酬的几种表现形式和薪酬管理的原则。

3. 学会规划人力资源；学会培训员工。

📖 案例导入

明朝理学家吕楠的《泾野子内篇》中有这样一个名为《西邻五子》的寓言故事，故事说的是：西邻有五子，一子朴，一子敏，一子蒙，一子偻，一子跛；乃使朴者农，敏者贾，蒙者卜，偻者绩，跛者纺；五子皆不愁于衣食焉。

意译：西邻之人有五个儿子。一个儿子朴实，一个儿子机敏，一个儿子眼睛瞎，一个儿子驼背，一个儿子跛脚。西邻之人便使那朴实的儿子种田，机敏的儿子经商，瞎眼的儿子去算卦，驼背的儿子搓麻线，跛脚的儿子纺线。这样各尽其才，各得其所，五个儿子都不愁没有饭吃没有衣穿。

《西邻五子》对于化工企业人力资源管理有哪些借鉴意义？

第一节　人力资源管理概述

人力资源已成为推动社会发展的第一资源，人力资源是人力资源管理的研究对象，了解人力资源的概念、内容、特点是学习和研究人力资源管理的起点。

一、人力资源的含义

1. 资源的含义

① 传统意义上的资源：在一定时期、一定地点和一定条件下，能够产生经济价值，提高人类当前和未来福利的自然因素和条件。

② 现代意义上的资源：用来创造物质财富和精神财富的各种投入要素与条件保障的总称。它具体包括自然资源、资本资源、信息资源、人力资源四类。

2. 人力资源的含义

人力资源有广义和狭义之分。广义地讲，智力正常的人都是人力资源。

狭义的人力资源是指能够通过劳动过程实现价值创造的人所具有的知识、智力、技能和体能的总和。狭义的人力资源包含以下内容。

① 人力资源的本质是"人力"即劳动力，研究人力资源的目的就是有效开发和利用"人力"。

② 劳动能力存在于人体之中；是人力资本的存量，劳动时才能发挥出来。

③ 人力资源包括体力和智力两个基本方面，具体表现为体质、智力、知识、技能四个部分，也就是人们所具有的推动生产资料的各种具体能力。这四者的不同组合，形成人力资源的丰富内容。

二、人力资源的特点

对企业而言，人力资源相对其他资源有以下几个特点。

1. 时效性

时效性是指人力资源的形成与作用效率要受其生命周期的限制。人力资源的时效性主要表现在两个方面：一方面，在人的生命过程的不同阶段有着不同的生理和心理特点，人力资源的生成和发挥作用也各有不同的最佳时期；另一方面，作为人力资源的重要组成部分的知识和技术是人们实践经验的产物，具有一定的时限性，超过了一定的时限，这些知识和技术就可能过时，失去其应有的效用。在当前知识经济大爆炸的时代，人力资源的时效性显得更为突出。

2. 连续性

人力资源存在时效性的同时，还具有连续性，这两者是密切联系的。人力资源的连续性具体表现在知识、技能等方面的连续性上。

3. 增值性

在现代社会中，人力资源的智力价值收益率远远超过其他形式的资本投资的收益率。一般来说，物力资源只有客观限定的价值，然而人力资源可以通过教育培训以及实践经验的积累不断成长，持续不断地开发与利用。

4. 社会性

社会性是指组织中的人不是各自孤立的，个人隶属于某一集体并受这一集体的影响。它具体表现在两个方面。

① 人力资源只有在一定的社会环境和社会实践中才能形成、发展并产生作用。

② 人力资源的开发、配置、使用和管理是人类有意识的自觉活动。

因此，人们的行为既与个体的特征有关，又受所处群体的影响。这就要求人力资源管理必须注重人与组织、团队的关系，使个体与团队、组织的关系达到最佳的协调状态。

5. 能动性

这是人力资源与其他资源的本质区别。其他资源在被开发的过程中，完全处于被动的地位；人力资源则不同，它在被开发的过程中，有思维与情感，能对自身行为做出抉择，能够主动学习与自主地选择职业，更为重要的是，人力资源能够发挥主观能动性，有目的、有意识地利用其他资源进行生产，推动社会和经济的发展。人力资源的能动性主要表现在以下三个方面。

（1）知识和技术的创新

人力资源具有创造性思维的潜能，能够在人类活动中发挥创造性的作用，既能创新观念、革新思想，又能创造新的生产工具、发明新的技术。

（2）功利化的投向

企业员工通常都是有目的、有意识地选择自己的投向，而且总带有一定的功利性目的，决定或指导自己对于专业、职业、单位、场所等问题的选择和变动。

（3）自我强化

企业员工通过学习和实践能不断地提高自身的素质和能力。这些方面表现出来的能动性，使企业人力资源成为企业众多要素资源中最活跃、最关键的要素，同时也成为最难管理的要素。

6. 组合性

组合性是人力资源的一个重要特征。两个人在一起工作发挥的作用，不一定等于两个人单独工作发挥的作用的简单相加。既可能出现 $1+1>2$ 的情况，也可能出现 $1+1<2$ 的情况，所以管理者必须高度关注人力资源的合理配置，科学组合，形成合力。

7. 再生性

人力资源的再生性，主要基于人口的再生产和劳动力的再生产。"再生"的含义既包含了人力资源自身的耗费能够得以补充的意义，又包含了人力资源的耗费创造了新价值的意义。

人力资源的耗费即人的体力与智力的耗费，不同于其他资源，即其自身在一个阶段耗费的过程，在这个过程中会由于再生而得到补充乃至发展。特别要指出的是，人力资源的耗费使人们的劳动凝结在劳动的产品上（或服务上），使之创造出新的价值。当然，人力资源的再生性不同于一般生物资源的再生性，除了遵循一般生物学规律外，它还受人类意识的支配和人类社会活动的影响。

8. 资本性

人力资源作为一种经济性资源，具有资本的属性，主要体现在人力资源是公共社会、企业等集团和个人投资的产物，其质量的高低主要取决于投资的程度。由于任何人的能力都不可能是先天就有的，必须接受后天的教育和培训，投入财富和时间。这种能力形成后，能够在适当的时期内为投资者带来收益，但随着劳动者知识和技能的老化等因素的影响，人力资源在使用过程中也会出现资本的消耗。

三、人力资源管理的含义

人力资源管理的概念最早源于社会学家怀特·巴克于 1958 年发表的《人力资源功能》一书，后经不断发展完善，形成了现在的概念。

所谓人力资源管理是指管理者运用现代化的科学管理方法，通过对取得、开发、保持和利用人力资源所采取的一系列措施，来合理搭配资源，调动劳动者的主观能动性，使人尽其才，事得其人，最终实现组织目标的管理过程。

> 现代人事管理的三项关键任务：吸引人才、善用人才、发展人才。

四、人力资源管理的职能

为了实现人与事的最优配置，使企业中人力资源做到事得其人、人尽其才、才有其用，就需要进行一系列特定的管理活动，这些活动就是人力资源管理的基本职能，具体讲这些职能可概括为以下几个方面。

① 预测人力需求，研究人才合理布局。为了实现企业的战略目标，人力资源管理部门要根据企业结构和战略目标，确定职务说明书与员工素质要求，制订与企业目标相适应的人力资源需求与供给计划。

② 岗位分析。在调查分析企业各种职位的性质、结构、责任以及胜任该职位工作人员的素质、知识、技能的基础上，编写出职位说明书和岗位规范等人事管理文件。

③ 做好招工录用工作。根据人力资源规划和岗位要求，按照一定的招聘程序和招聘方法，为企业招录所需要的人才。

④ 做好职工在职培训工作。通过培训来提高工人的知识、技能和团队意识。

⑤ 分析影响人的积极性的基本因素，并做出相应调整。

⑥ 职业生涯规划。鼓励和关心员工的个人发展，帮助员工制订个人发展规划，激发员工的积极性和创造性。

⑦ 做好职工的劳动报酬和劳动分配工作。做好员工的绩效管理，并根据职工的表现及贡献的大小进行分配。

⑧ 劳动关系管理。协调与改善企业与员工之间的劳动关系，充分发挥工会和职工民主管理的作用，正确处理劳动争议和纠纷，保障职工的基本权利，营造良好的劳动关系与和谐的工作氛围，促进企业的正常运行。

五、人力资源管理的原则

① 管理科学的原则。
② 人际关系的原则。
③ 教育与培训的原则。
④ 标准化原则。

六、人力资源管理的意义

在目前市场竞争异常激烈的情况下，人力资源开发与管理的优劣，直接关系到企业的成败。实践证明，重视和加强企业人力资源管理，对于促进生产经营的发展，提高企业劳动生产率，保证企业获得最大的经济效益有着重要的意义。

1. 有利于提高企业的形象

一个企业只有拥有第一流的人才，才会有第一流的计划、第一流的组织、第一流的领导，才能充分而有效地掌握和应用第一流的现代化技术，创造出第一流的产品，进而打造第一流的品牌企业。

2. 有利于调动企业员工的积极性

企业通过人力资源管理为劳动者创造一个适合他们需要的劳动环境，使他们安于工作、乐于工作、忠于工作，并能积极主动地发挥个人劳动潜力，为企业创造出更有效的生产经营成果。

3. 有利于促进生产经营的顺利进行

通过合理组织劳动力，不断协调劳动力之间，劳动力与劳动资料、劳动对象之间的关系，充分利用现有的生产资料和劳动资源，使它们在生产经营过程中最大限度地发挥作用，并在空间上和时间上使劳动力、劳动资料和劳动对象形成最优的配置，从而保证生产经营活动有条不紊地进行。

4. 有利于减少劳动耗费，提高经济效益

合理组织劳动力，科学配置人力资源，可以促使企业以最小的劳动消耗，取得最大的经济成果。

第二节　人力资源规划

一、人力资源规划的概念

人力资源规划从狭义上来说就是人力资源计划，是指企业从战略规划和发展目标出发，根据其内外环境的变化，预测企业未来发展对人力资源的需求，以及为满足这种需求所提供的人力资源的活动过程。

二、人力资源规划的任务

① 预测未来人力资源的变化情况。
② 确定企业生产经营活动中各级、各类人员的需求程度。
③ 确定需要培训的各种类别和等级的人员。
④ 实现企业人力资源规划与企业整体规划相互衔接，保持平衡。
⑤ 规划人力发展，降低用人成本。

三、人力资源规划的原则

① 服从于企业的总体规划。
② 充分考虑内外环境的变化。

③ 实现企业与员工的共同发展。

四、人力资源规划的内容

人力资源规划包括总体规划和各项业务计划两项内容。

1. 总体规划

人力资源总体规划是在对企业战略与竞争战略分析的基础上，提出人力资源管理工作的方向，保证人力资源工作重点与战略导向一致。总体规划需要明确人力资源管理的总体目标、规划的周期、规划的范围等。

2. 各项业务计划

① 人员补充计划：由于企业规模的扩大、原有人员的退休、离职等，企业中经常出现新的或空缺的职务，企业根据生产经营的需要，适时做出人员补充的计划，旨在促进人力资源数量、质量的提高，同时也是招聘新员工的依据。

② 培训开发计划：是企业通过培训员工，挖掘员工的潜能，提高员工的知识和技能，使员工更好地胜任本职工作。

③ 人员晋升计划：根据企业的需要和人员分布状况，制订员工的晋升方案。

④ 人力资源管理调整计划：计划中明确计划期内人力资源的调整原因、调整步骤和调整范围等。

⑤ 预算：上述各项计划的费用预算。

 案例

娃哈哈坚持"唯德唯才，有用即才，人皆为才"的用人观，倡导"能者上、平者让、庸者下"的竞争文化，给了年轻人充分的机会，员工可以通过毛遂自荐、分公司推举、竞争上岗、资质认证等方式，经考核成功后获得升迁。图 2-1 为娃哈哈营销管培生的发展路径图。

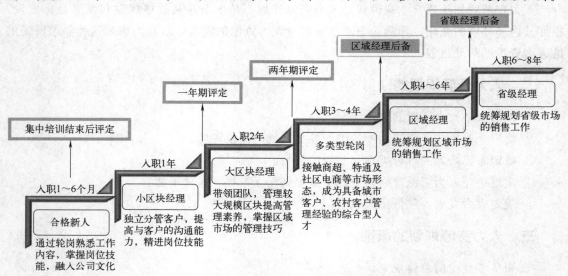

图 2-1　娃哈哈营销管培生的发展路径图

五、人力资源规划的步骤

1. 确定目标

这是人力资源规划的第一步，它决定了人力资源规划的方向性，一个好的人力资源规划目标要与企业的总体目标相符。

2. 收集人员资料

人力资源规划的信息包括企业外部信息和企业内部信息。

① 外部信息包括国家政策、行业经济形势、劳动力市场、竞争状况等。

② 内部信息包括企业的战略计划、部门计划、人力资源现状等。

3. 人力资源需求预测

人力资源需求预测主要是对企业未来一段时间所需要的人力资源数量和种类进行的预测。人力资源预测是否合理科学是整个人力资源规划是否成功的关键，它具体包括现实人力资源需求预测、未来人力资源需求预测两方面内容。人力资源预测的方法主要包括以下几种。

（1）现状预测法

这是一种最简单的预测方法，适用于短期预测。这种预测方法是假定企业员工的总数与结构完全能适应预期的需求，人力资源规划部门所要做的工作是测算出在规划期内有哪些岗位上的人员将得到晋升、降职、退休等，并做出适时的人员补充。

（2）经验预测法

这是企业根据以往的经验对人力资源进行预测的方法。如一家酒店根据经验发现一名服务员可以看管3个房间，那么，如果该酒店在未来某个时期要扩大酒店规模，就可以据此确定需增加服务员的人数。

（3）趋势预测法

这是通过对企业过去五年或者更长时间中的员工雇佣变化情况进行分析，然后以此为依据来预测企业未来人员需求的技术，这种方法既可以对企业进行整体预测，又可以对企业的各部门进行结构性预测。

（4）劳动生产率估算分析法

即根据生产率和生产总值的变化情况来确定人力资源的数量。

4. 确定人力资源的净需求

这里所说的"净需求"既包括人员的数量，又包括人员的质量、结构，既要确定"需要多少人"，又要确定"需要什么样的人"。

5. 制订人力资源规划

人力资源规划要根据企业的战略目标和企业员工的净需求量来制订，它具体包括计划内容、执行时间、负责人、检查人、检查日期、预算等内容。

6. 实施人力资源规划

将人力资源规划付诸企业日常的人力资源管理中，这也是规划人力资源的最终目的。

7. 人力资源规划的反馈与修正

这是人力资源规划的最后一个步骤，但又是常被忽略的重要步骤。通过反馈的信息可以判断前面几个步骤的情况，进而对原规划的内容进行适时的修正，使其更符合实际，更好地促进组织目标的实现。人力资源规划表见表 2-1。

表 2-1 人力资源规划表

项目级别			时　间			学　历			
			现有	2016 年	2017 年	研究生	本科或技师	大专或高级技工	其他
主管人员	高层	生产							
		销售							
		其他							
	中层	生产							
		销售							
		其他							
	基层	生产							
		销售							
		其他							
	小计								
技术人员	高工								
	工程师								
	助工								
	技术员								
	其他								
	小计								
工人	操作工								
	检修工								
	分析工								
	仪表工								
	其他								
	小计								
合计									

第三节　人力资源开发

一、人力资源开发的含义

人力资源开发就是以发掘、培养、发展和利用人力资源为主要内容的一系列有计划的活动过程。它主要包括人力资源的教育、培训、使用等环节。

二、人力资源开发的内容

1. 精神动力开发

人力资源开发的关键是增强员工的主观能动性，调动员工的自觉性、积极性、主动性，培养企业员工强烈的使命感、责任感、荣誉感。

2. 智力开发

智力开发主要是开发劳动者的创造力，研究如何培养劳动者的创造意识和创新能力，进而为新工艺、新设备、新材料的开发打下智力基础。

3. 技能开发

技能开发主要是通过职业教育和培训，不断提高劳动者的技术和业务水平，使他们成为企业所需要的熟练的专业技能人才。

4. 环境开发

环境开发主要是指通过改善劳动者的劳动环境，协调劳动者的劳动关系，为劳动者创造和谐、愉快的工作环境。它包括自然环境和社会环境两种环境。

三、人力资源开发的原则

人力资源开发必须遵循一定的原则和规律，只有这样才能保证劳动者在现有或将来工作岗位上的成绩。人力资源开发应遵循的原则主要有以下几点。

1. 效益原则

效益是企业的生命，任何形式的管理都是为效益服务的，因此，人力资源的开发也必须围绕效益原则这一基本原则而展开。

2. 全面性原则

人力资源的开发既要注重知识技能的开发，又要兼顾精神动力的开发。只注重知识技能而忽略员工使命感和责任感的培养，往往会出现员工工作散漫，劳动积极性不高的现象；只注重员工主观能动性的调动而忽略了员工知识技能的开发，往往会造成员工志大才疏的窘况。

3. 持续性原则

员工的精神力、智力、技能随着时间的推移，都会有消减、落伍的可能，因此，人力资源的开发应是一个长期的，持之以恒的过程，并且能够随着时代的变化而不断发展变化。

4. 差异性原则

人力资源的开发应本着"因材施教"的原则，对不同的人、不同的岗位应给予不同的开发内容。

5. 全员性原则

人力资源开发的对象应该是企业的全体员工。

四、人力资源开发的意义

人力资源开发能够提高员工的知识和技能，改善员工的工作态度，使员工在胜任本职工作的基本前提下能有所创新，最终为企业创造良好的经济效益。

第四节　员工的招聘及管理

一、员工的招聘管理

"人是企业第一资源"，人员招聘在企业人力资源管理中将扮演着非常重要的角色，直接关系着企业的生存和发展。

（一）招聘原则

1. 信息公开原则

企业人力资源部门通过各种形式，向社会公开招聘单位、招聘职位、招聘数量、应聘资格、招聘办法、应聘时间、工资待遇等内容。通过信息公开，可以收到以下几种效果。

① 扩大招贤纳士的范围；

② 给予社会上的人才公平竞争的机会；

③ 使招聘工作置于社会的公开监督之下，防止不正之风；

④ 扩大企业的知名度。

2. 公正平等原则

企业要公正平等地对待每一位应聘者，使他们公平地参与竞争，使真正的人才能够在竞争中脱颖而出。

3. 人事匹配原则

招聘的最终目的是实现员工个人与岗位的匹配，也就是人事匹配。这种匹配包含两层意思：一是岗位的要求与员工个人素质相匹配；二是工作报酬与员工的个人需求相匹配。

4. 供需见面，双向选择的原则

在当前市场经济条件下，供需见面，双向选择是招聘者和求职者的最佳选择方式，招聘者通过这种方式在市场上搜寻令他满意的员工，求职者通过这种方式寻找自身所期望的用人单位。

5. 节约成本的原则

招聘时应灵活运用适当的招聘形式，提高招聘效率，用尽可能低的招聘成本吸引高素质的员工，招聘最适合的人才。

（二）招聘的程序

招聘工作是企业人力资源管理的基础工作，要使招聘工作做到规范、科学、公开、公平，就必须规范招聘的程序。

1. 分析企业用人情况

一个企业，把合适的人，在合适的时候，以合适的价格，请到合适的岗位，是招聘的首要目标。要实现这一目标，企业中专门从事招聘工作的人员必须要了解公司的战略、公司的业务、公司的用人情况，为企业的招聘工作做出正确的预判。

2. 制订招聘计划

招聘计划的制订要以人力资源规划为基础，招聘计划的主要内容应该包含招聘的目的、应聘职务描述、应聘者的标准和条件、招聘对象的来源、传播招聘信息的方式、招聘组织人员、招聘方式、参与招聘人员、招聘的时间、新员工进入企业的时间、招聘经费预算等。

3. 发布招聘信息

发布招聘信息是招聘工作的一项重要内容，它直接关系到应聘者的数量和范围，同时也决定了招聘部门的招聘基数和招聘质量。

4. 简历筛选

求职简历是应聘者进入企业的敲门砖，同时也是企业了解应聘者的第一手资料，因此，在筛选简历时要严格按照职位说明书精简出来的职位描述和职位要求来筛选。

5. 面试前准备

成功的招聘，面试前的准备工作是不可或缺的。准备越充分，命中率就越高，因此招聘人员除了准备必要的面试问题以外，还要熟悉要聘请岗位的具体情况，包括对岗位职责，对岗位所需人才的要求，以及对岗位的部门职能的了解等。

6. 面试

面试是招聘过程的重要步骤，通过面试可以收集和发现求职者的专业素质、心理素质、人格特征、道德水准等。面试根据申请的职务不同，有时由一人来完成，有时由一组人员共同完成，不同面试的差别在于提出问题的结构或控制的程度不同。

> 面试中常见问题：你的优点和缺点各是什么？你为什么想来我们公司工作？你喜欢和什么样的人一起工作？你认为你原来的上级是个什么样的人？你有什么问题要问吗？

7. 录用

做招聘工作的人都曾遇到过这样的尴尬，当你正为找到合适的人才高兴时，却在发出录用信息后，遭到对方的拒绝，使整个招聘工作前功尽弃。因此，为避免这种现象的发生，必须做好以下几点工作。

① 加快招聘进程，不要给求职者太多的等待与选择时间，这是最简单有效的方法。

② 在给新招聘的员工确定工资标准时要充分考虑到求职者的学历、工作背景、前一个工作的薪酬、期望值等，经过综合考虑，确定一个双方都能接受的工资标准。

③ 当求职者因种种原因拒绝赴任时，招聘人员应在第一时间分析对方拒绝被录用的原因，并以最大的诚意与对方协商，如果最终经过协商能达成协议，仍然不失为一次成功的招聘。

 案例

员工招聘为何失败

某公司是一家外商独资公司，主营业务是为电信运营商提供技术支持、手机移动增值服务及手机广告。该公司所处行业为高科技行业，薪水待遇高于其他传统行业。公司位于北京繁华商业区的著名写字楼，对白领女性具有很强的吸引力，该公司总经理为外国人，在中国留过学，自认为对中国很了解。其间先后招聘了两位行政助理（女性），结果都失败了。具体情况如下。

第一位张丽，入职的第二天就没来上班，也没有来电话，上午公司打电话联系不到本人。经她弟弟解释，她不打算来公司上班了，具体原因没有说明。下午，她本人终于接电话，不肯来公司说明辞职原因。三天后又来公司，中间反复两次，最终决定不上班了。她的工作职责是负责前台接待，入职当天晚上公司举行了聚餐，她和同事谈得也挺愉快。她自述的辞职原因：工作内容和自己预期不一样，琐碎繁杂，觉得自己无法胜任前台工作。

人力资源主管对她的印象：内向，有想法，不甘于做琐碎、接待人的工作，对批评（即使是善意的）非常敏感。

第二位刘梅，工作十天后辞职。刘梅的工作职责是负责前台接待、出纳、办公用品采购、公司证照办理与变更手续等。自述辞职原因：奶奶病故了，需要辞职在家照顾爷爷（但是辞职当天在公司身穿大红毛衣，化彩妆）。透露家里很有钱，家里没有人在外面工作。

人力资源主管对她的印象：形象极好，思路清晰、沟通能力强，行政工作经验丰富。总经理对她的印象：经常是小孩姿态、撒娇的样子。

该公司的招聘流程如下。

① 公司在网上发布招聘信息。

② 总经理亲自筛选简历。筛选标准：本科应届毕业生，最好有照片，看起来漂亮的，最好是名校毕业。

③ 面试。如果总经理有时间就总经理直接面试，如果总经理没时间，人力资源主管进行初步面试，总经理最终面试。新员工的工作岗位、职责、薪资、上班时间都由总经理确定。

④ 面试合格后录用，没有入职前培训，直接工作。

评论：招聘行政助理连续两次失败，作为公司的总经理和人力资源主管（HR）应该明白这不是偶然现象，在招聘行政助理方面肯定有重大问题。一个成功的招聘需要完整和合理的流程，有很多影响招聘的因素，招聘方法也很重要，中间任何一个环节不注意都可能导致招聘的失败。

（三）招聘的渠道

人员招聘的程序是不可以出错的，否则招聘的人才会发生不必要的流失，同样，人员招聘渠道的选择也是十分重要的。人员招聘的渠道主要包括以下两种。

1. 内部征召

内部人员征召是最常用也是最大的招聘来源。它主要包括以下两种形式：

① 内部提升：主要是指让企业内部低职位员工应聘到高一级职位工作。

② 职位转换：是让员工应聘到他认为更能发挥才能的空缺职位工作，其职位等级不变。

2. 外部招聘

许多情况下，内部征召往往满足不了企业对人员的需求，尤其当一个企业在创业初期或者快速发展时期，内部征召的局限性便更为明显。这就需要外部招聘来解决这一问题。外部招聘主要有以下几种形式。

① 自荐：即求职者主动上门推荐自己，这是所有外部招聘活动中招聘费用最低的一种

招聘形式。

② 员工引荐：即企业内的员工从他们的亲朋好友中引荐求职者。

③ 广告招聘：即企业通过电视、报纸、杂志和互联网等媒体对空缺职位进行招聘。其优点是招聘针对性强，覆盖面广，信息发布迅速，联系快捷方便，有助于企业形象的宣传。但是广告招聘常常会给人们一种不正规的感觉，因此应聘者中高级人才的比例通常很少，且应聘者身份的真实性也难以把握。

④ 校园招聘：企业招聘应届大学生、职校生可以在校园内张贴招聘广告、设摊摆点招聘、举办招聘讲座和学校推荐等。它主要适用于招聘专业人员与技术人员。

⑤ 就业中介机构介绍：就业中介机构主要是指各种职业介绍所、人才交流中心等。其优点是针对性强，费用低廉、快捷、省力。但中介机构对于高级人才的吸引力通常很小。

⑥ 猎头公司：猎头在英文里叫 Headhunting，意思是"网罗高级人才"，猎头公司是一种与职业介绍机构类似的中介机构，它主要适用于招聘那些工作经验比较丰富、在行业中和相应职位上比较难得的高级人才和尖端人才。

⑦ 人才交流会：用人企业和应聘者利用人才交流会可以直接进行接洽和交流，既节省了企业和应聘者的时间，又可以为招聘负责人提供不少有价值的信息。这种招聘方式对招聘通用类专业的中级人才和初级人才比较有效，但高级人才、专业性比较强的稀缺人才一般较少参加这种招聘会，所以在招聘的数量和质量上都可能受到较大的限制。另外，人才交流会通常不是每天都举行的，这种招聘形式还会受时间和空间的限制。

对于任何企业，一般来说不同的工作岗位应该有不同的招聘方式。在具体实施招聘计划时，要结合自身实际情况，灵活运用，不能墨守成规，以对企业最有利为准。

二、员工培训管理

员工培训是人力资源管理的重要工作内容，是企业促进内部成员学习的关键步骤，通过培训可以提高企业人力资源素质，开发员工的潜在能力，改善人力资源结构，增强企业竞争力。因此，做好员工的培训工作是人力资源开发和管理的重要环节和重要手段。

1. 员工培训的原则

作为人力资源管理的重要环节，员工培训是一项关系企业生存和发展的大事，因此在其实施过程中应认真把握以下原则。

（1）目标性原则

在员工培训之前确定明确具体的目标，一方面有利于管理部门和培训人员明确自己的任务和职责，另一方面使受训人员在接受员工培训过程中具有明确的方向和一定的学习压力。

（2）普遍性原则

员工培训不是针对某一特殊群体的，而是面向企业的全体人员、所有岗位进行的培训，它既包括后勤服务人员、车间操作人员、工程技术人员、一般管理人员，又包括领导决策层人员。不少企业在培训工作中出现"闲人培训，忙人没时间培训，急需人员不培训"的现象，正是违背了这一原则的恶果。

（3）差异性原则

差异性原则是指在普遍性原则的基础上，针对不同的工作岗位，在培训内容和培训人员等方面具有一定差异性和针对性的培训。

（4）效益性原则

员工培训同其他生产经营活动一样，也是一种投资活动，需要计算成本，追求效益的最大化。

2. 员工培训的内容

（1）基础知识与基本技能

基础知识是员工培训的基本内容，它主要包括文化基础知识、一般理论知识等；基本技能是员工从事各种职业都必须具备的基本条件，它包括计算机运用能力、职业核心能力等。

（2）专业理论知识与职业技能

专业理论知识和职业技能是与职业相关的专门知识和技能，是员工从事和胜任某种职业的必备条件。随着现代科学技术的迅速发展，知识和技能的更新换代更加迅速，因此，对于知识和技能的培训尤为重要。

（3）行为规范

行为规范是指人们在社会实践中逐步形成的，用来指引和约束人们活动及行为的标准和规则。它大体可分为两类：一类是内在的行为规范，即员工的人生观、价值观及相应的职业道德标准；另一类是外在的行为规范，主要包括企业的规章制度、企业文化等。

3. 员工培训的过程

员工的培训是一个系统的工程，包括做好培训需求分析、制订培训计划、动员培训师和培训对象实施培训计划、培训评估等。

（1）做好培训需求分析

无论是作为投资行为，还是作为管理行为，员工培训都不是盲目进行的，而是以企业的相应需求为依据。因此要做好员工的培训工作，首先必须做好员工培训的需求分析，企业人力资源部门要对现有岗位人员进行素质调查，分析员工素质现状与企业目标之间的差距，并以此确定企业的培训需求。

（2）制订培训计划

要保证培训工作的顺利进行，必须制订切实可行的培训计划，培训计划的制订要兼顾诸多因素，如社会需求、政策法规、企业规模、技术发展水平等。培训计划的内容具体包括培训目标、培训内容、培训师、培训对象、培训时间、培训地点、培训方法、培训预算等内容。

（3）动员培训师和培训对象

根据培训计划组织动员培训师和培训对象，使他们从心理、知识、物品等方面做好培训前的准备工作。

（4）实施培训计划

实施培训计划是整个培训工作的中心环节，它主要包括四个步骤：即执行、检查、反馈、修正。

（5）培训评估

培训评估是员工培训的最后一个环节，通过培训评估可以对培训过程的各个环节进行追踪和测量，总结其中的经验教训，并据此提出改进措施，为以后员工培训工作留下重要参考资料。

4. 员工培训的方法

（1）讲授法

讲授法是运用语言文字将信息传递给受训者的方法。这种培训方法最大的优点是能够在短时间内将信息传递给一个大规模受训群体。

（2）研讨法

该方法主要是通过建立培训者与受训者之间、受训者与受训者之间的双向沟通机制来实现知识和信息的传递。这种培训方法最大的优点是易建立简单、及时的反馈机制。

（3）案例研究法

案例研究法是指为参加培训的学员提供一个案例背景描述，让学员分析和评价案例，提出解决问题的建议和方案的培训方法。案例研究法的目的是训练学员具有良好的决策能力，帮助他们学习如何在紧急状况下处理各类事件。

（4）角色扮演法

角色扮演法指在一个模拟的工作环境中，指定参加者扮演某种角色，借助角色的演练来理解角色的内容，模拟性地处理工作事务，从而提高处理各种问题的能力。这种培训方法最大的优点是互动性和实践性比较强。

（5）视频培训法

利用现代视频技术（如投影仪、电视、电影、电脑等工具）对员工进行培训。视频培训法给人印象深刻，比较容易引起受训人员的关心和兴趣，但其反馈和实践性较差，一般仅作为培训的辅助手段使用。

（6）师徒式培训法

师徒式培训法是最古老的一种培训方法，是由一位有经验的技术能手或直接主管人员在工作岗位上对受训者进行一对一的现场个别培训。这种培训方法有利于信息的及时反馈，主要适用于各种技能型行业。

（7）素质拓展法

这种方法主要是通过职业核心能力的一些拓展活动来员工的综合素质和职场适应能力，如职业沟通能力、团队合作能力、自我管理能力等。

三、员工的职业生涯管理

职业生涯管理是指通过对员工的工作及职业发展计划的设计，协调员工个人需求和企业组织需求，实现个人和企业的共同成长和发展，这是一种以人为中心的人本主义管理方法。它具体包括职业生涯规划和职业生涯发展两个方面。

1. 职业生涯的含义

职业生涯是一个人一生所有与职业相连的行为与活动以及相关的态度、价值观、愿望等连续性经历的过程，也是一个人一生中职业、职位的变迁及职业目标的实现过程。简单地说，一个人职业发展的状态、过程及结果构成了个人的职业生涯。

2. 职业生涯的规划

职业生涯规划是指一个人对其一生中所承担职务相继历程的预期和计划，包括一个人的学习，对一项职业或组织的生产性贡献和最终退休，它是一个动态的反复进行的过程。规划职业生涯的目的是帮助个人真正了解自己，为自己筹划未来，拟定一生的发展方向，根据主客观条件设计出合理且可行的职业生涯发展方向。

（1）职业生涯规划的具体步骤

① 审视自己，自我评估。一个有效的职业生涯设计，必须是在充分且正确地认识自身的条件与相关环境的基础上进行，通过对自己以往的经历及经验的分析，找出自己的专业特长与兴趣点，估量内外环境的优势与限制，设计出合理且可行的职业生涯发展方向。

> 审视自己，自我评估的 5 个"W"思考模式：我是谁？我想干什么？我能干什么？环境支持或允许我干什么？自己最终的职业目标是什么？

② 确立自己的目标。目标的设定要以自己的最佳才能、最优性格、最大兴趣、最有利的环境等信息为依据。通常目标分短期目标、中期目标、长期目标和人生目标。确立目标是制定职业生涯规划的关键，有效的生涯设计需要切实可行的目标，以便排除不必要的犹豫和干扰，全心致力于目标的实现。

③ 制定方案。有效的生涯设计也需要有切实能够执行的职业生涯方案，即职业生涯规划书。职业生涯规划书是确保职业目标实现的重要保障，它通常包括标题、前言、自我分析、职业分析、发展目标、发展路径、评估与调整 7 项内容。

④ 执行方案。在确定了职业生涯的终极目标并选定职业发展的路线后，行动便成了关键的环节。这里所指的行动，是指落实目标的具体措施，主要包括工作、培训、教育、轮岗等方面的措施。

 案例

心理学家曾经做过一个这样的实验，组织三组人，让他们分别向着 10 千米以外的 3 个村子进发。

第一组的人既不知道村庄的名字，又不知道路程有多远，只告诉他们跟着向导走就行了。刚走出两三千米，就开始有人叫苦。走到一半的时候，有人几乎愤怒了，他们抱怨为什么要走这么远，何时才能走到头，有人甚至坐在路边不愿走了。越往后走，他们的情绪也就越低落。

第二组的人知道村庄的名字和路程有多远，但路边没有里程碑，只能凭经验来估计行程的时间和距离。走到一半的时候，大多数人想知道已经走了多远，比较有经验的人说："大概走了一半的路程。"于是，大家又簇拥着继续向前走。当走到全程的 3/4 的时候，大家情绪开始低落，觉得疲惫不堪，而路程似乎还有很长。当有人说："快到了！""快到了！"大家又振作起来，加快了行进的步伐。

第三组的人不仅知道村子的名字、路程，而且公路旁每 1 千米就有一块里程碑。人们边走边看里程碑，每缩短 1 千米大家便有一小阵儿的快乐。行进中他们用歌声和笑声来消除疲劳，情绪一直很高涨，所以很快就到达了目的地。

心理学家得出了这样的结论：当人们的行动有了明确的目标，并能把自己的行动与目标不断地加以对照，进而清楚地知道自己的行进速度和与目标之间的距离时，人们行动的动机就会得到维持和加强，就会自觉地克服一切困难，努力达到目标。

（2）制订职业生涯规划的原则

职业生涯规划说到底是一份人生的规划，它对于人生道路来说至关重要。要制订出科学的职业生涯规划方案，必须在规划时贯彻以下六个原则。

① 清晰性原则。确定的目标、制订的措施都应该清晰、明确，实现目标的步骤要直截了当。

② 挑战性原则。目标或措施要具有挑战性，目标过于困难或不可实现，会打击自信心，影响工作积极性和工作效果；反之，目标过于简单或轻易实现会导致工作的厌倦和无动力。

③ 变动性原则。影响职业生涯规划与发展的因素很多，因此，规划职业生涯时目标或措施应具有弹性或缓冲性。

④ 激励性原则。目标的设定应符合自己的性格、兴趣和特长，对自己产生内在激励作用。

⑤ 可行性原则。作规划时必须要充分考虑到自己的实际情况、社会环境、企业环境以及其他相关的因素，各阶段的路线划分与安排，必须具体可行。

⑥ 可评量原则。应有明确的时间限制或标准，以便评量、检查，使自己随时掌握执行状况，并为设计的修正提供参考依据。

3. 职业生涯的发展

职业生涯发展是指个人在职业生涯中所经历的一系列职业过程和职业决策。职业生涯发展是一个动态的过程，需要个体在不同阶段做出不同的职业决策和调整。自信心、情绪稳定性、进取心、责任心、社会影响力是影响职业生涯发展的主要因素。

四、员工的考核管理

通常我们所说的员工的考核是指人力资源部门对企业员工的绩效考核。绩效考核是人力资源管理的标准和依据，忽视了绩效考核，人力资源管理的改进和发展就失去了方向。它具体包括以下内容。

1. 德

德通常是以企业员工的事业心、责任心、团队精神、协作精神、创新精神作为考核依托的，它主要依靠考核者的主观评判进行考核，是一种主观性的考核方式。

2. 勤

勤主要是从员工的出勤率、事故率、表彰率、违纪违规次数、客户满意度等指标来衡量，它主要是考核员工的行为规范。

3. 能

能通常是指从事某项工作所需要的专业知识和专项技能，它是员工能够胜任该项工作，并做出工作业绩的前提和保证。

4. 绩

绩是对企业员工贡献程度的衡量，是所有工作绩效考核中最本质的考核，直接体现出员工在企业中的价值大小，它通常通过产量、成本、销售收入、利润等指标来衡量。

五、员工的薪酬管理

1. 薪酬

薪酬是企业因使用员工的劳动量而给予员工的钱或实物。它主要包括以下几种形式。

（1）工资

根据劳动者的劳动数量和质量，按照事先规定的标准支付给劳动者的劳动报酬。工资主要由基本工资和绩效工资构成。工资标准表见表 2-2。

表 2-2　工资标准表

职位	职位等级	基本工资	职务补贴	技术补贴	特殊补贴
总经理					
副总经理					
车间主任					
工段长					
班组长					
总工程师					
工程师					
技术员					
操作工					

（2）奖金

奖金是对劳动者在劳动过程中所表现出的积极劳动态度或创造出超出劳动定额的劳动成果时给予的金钱奖励。企业中常见的奖金形式有：全勤奖金、生产奖金、安全奖金、年终奖金等。

（3）津贴

对于劳动者在特殊条件下的劳动消耗及生活费额外支出时给予的工资补充，常见的津贴表现形式有野外作业津贴、矿山井下津贴、高温津贴、冬季取暖津贴、驻岛津贴、医疗卫生津贴、价格补贴等。

（4）股权

以企业的股权作为对员工的薪酬，这是一种长期激励手段，能够让员工为企业长期利润最大化而努力。早在晋商"汇通天下"的年代，对于资深的员工就有身股，晚清时期，山西"乔家大院"的掌门人乔致庸更是将身股的激励作用发挥到了极致。

（5）福利

福利是薪酬体系的重要组成部分，是企业或其他组织以福利的形式提供给员工的报酬。常见的福利形式有住房补贴、班车、工作午餐、带薪休假等。企业福利对于提高员工对企业的认同感，对于加强企业凝聚力有重要的促进作用。

2. 薪酬管理

所谓薪酬管理是指一个企业针对所有员工的工作岗位及所取得的劳动成果，来确定他们应当得到的报酬总额以及报酬结构和报酬形式的一个过程。一般来说，大多数企业都力图借助薪酬制度对其员工的知识、技能、能力等提供尽可能合理的报酬。要做好薪酬管理，必须把握好以下原则。

（1）公平性原则

企业应着力完善薪酬管理制度，在企业内部树立"薪酬面前，人人平等"的原则，要使员工认识到，只要在相同岗位上做出相同的业绩，就能获得相同的薪酬。

（2）刺激性原则

企业给予职工的薪酬对职工要有一定的激励作用，没有激励作用的薪酬管理是起不到调动职工工作积极性的效果的。

（3）适度性原则

企业确定的酬薪标准要在成本许可的范围内，要有它的上限和下限。

 练习题

一、思考题

1. 人力资源管理的含义与职能各是什么？

2. 人力资源的特点有哪些？

3. 人力资源规划的概念是什么？

4. 人力资源开发的含义、内容与原则各是什么？

5. 员工招聘的原则与程序各是什么？

6. 培训员工的原则是什么？

7. 员工职业生涯规划的具体步骤有哪些？

8. 制订职业生涯规划应遵循哪些原则？

9. 员工绩效考核的内容有哪些？

10. 薪酬的表现形式和薪酬管理的原则分别有哪些？

11. 培训员工有哪些方法？

二、案例分析

李经理是某大型化工企业的车间经理，有一天上午，车间员工赵亚迟迟未能到岗，拨打电话也无人接听，李经理对此非常生气。直到上班两个多小时后，赵亚才来到车间，李经理见到赵亚之后，本想狠狠地批评她一顿，并按照相关的规章制度扣其工资，但转念一想：赵亚是故意违纪还是有什么特殊情况迟到呢？李经理决定先就此事询问一下赵亚。

李经理在询问之前先作了情绪调整，在确定自己可以很平静地说话时开始了与赵亚的交流："你可是从来不迟到的，今天怎么了？"眼神里没有丝毫的责备。赵亚抬起头，眼睛红红地告诉李经理："女儿今年中考，分数下来后与预计的成绩相差很大，一家人都在发愁。"听到赵亚的回答后，李经理将赵亚带到办公室，首先是安慰并表示理解，然后再根据赵亚家的具体情况和她一起进行了分析和计划，前后花了近半个小时，赵亚也在李经理的劝说下重新看到了孩子的希望，解开了心里的疙瘩并连声表示感谢，还主动承认今天的迟到行为是不对的。

随后的几个月，李经理发现赵亚在工作上的表现较之以往更努力，半年后，赵亚因其工作上突出的表现，被提拔为班长。

试分析：

1. 李经理是以一种什么样的管理方法来对待员工的？

2. 这种管理方法的作用何在？

3. 你认为李经理的做法是否很完美？还有哪些方面需要改进吗？

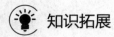 知识拓展

海尔集团的人力资源管理体系

一、海尔集团人力资源发展的战略

1. "国际化的企业，国际化的人"——海尔集团人力资源开发目标

海尔集团通过实施名牌战略、多元化战略和国际化战略，取得了持续稳定高速的增长。

1997年，当时的国家经贸委确定海尔集团为重点扶持冲击世界500强的6家试点企业之一。海尔集团的国际化经营驶入快车道，在国际市场赢得越来越多的尊重。与此同时，海尔集团也清醒地认识到，在目前这种环境下，要想成为国际化的名牌，每一个员工首先应成为国际化的人才。因此，海尔集团人力资源开发的目标，必须适应企业实施国际化战略的大目标，为企业培养真正具备国际化素质和国际竞争力的人才。

2. "挑战满足感、经营自我、挑战自我"——海尔集团人力资源开发的市场机制

海尔集团认为：在新的经济时代，人是保证创新的决定性因素，人人都应成为创新的主体。海尔集团设计了市场链的思路，即：企业内外部有两个市场，内部市场就是怎样满足员工的需要，提高他们的积极性，外部市场就是怎样满足用户的需求。

海尔集团内部提出了"下道工序就是用户"的口号，每个人都有自己的市场，都是一个需要对自己的市场负责的主体。下道工序就是用户，他就代表用户，或者他就是市场。每位员工最主要的不是对他的上级负责，更重要的是对他的市场负责。同时，海尔提倡即时激励，以此来充分挖掘和发挥内部员工的积极性。

二、用人策略：两大理论

1. 斜坡球体人才发展论：每一个人都是在斜坡上上行的球体，惰性的危害最大

海尔集团认为，每一个人恰似在斜坡上上行的球体，市场竞争越激烈，企业规模越大，这个斜坡的角度越大。员工的惰性是人才发展的阻力，只有提高自己的素质，克服惰性不断向目标前进，才能发展自己，否则只能滑落和被淘汰。

2. 变相马为赛马：企业不缺人才，人力资源管理的关键是激发员工内在潜能

海尔集团认为，企业不缺人才，人人都是人才，关键是企业是不是将每一个人所具备的最优秀的品质和潜能充分发挥出来了。为了把每个人的最优秀的品质和潜能充分开发出来，海尔人"变相马为赛马"，并且在全体员工高度认同的情况下，不断实践、提高。具体表现为：在竞争中选人才、用人才，就是要将人才推到属于他的岗位上去赛，去发挥最大的潜力，去最大限度地选出优秀人才。这是一个有利于每一个人充分发挥自己特长的机制，使每一个人都能在企业里找到适合自己价值的位置。

这一机制最初体现在公司内部实行"三工转换制度"。该制度是将企业员工分为试用员工、合格员工、优秀员工，三种员工实行动态转化。通过细致科学的赛马规则，进行严格的工作绩效考核，使所有员工在动态的竞争中提升、降级、取胜、淘汰。努力者，试用员工可以转为合格员工乃至优秀员工。不努力者，就会由优秀员工转为合格员工或试用员工。更为

严格的是，每次考评后都要按比例确定试用员工，如此一来，人人都有危机感。

三、价值分配体系：员工收入由市场决定

实行市场工资后，企业的主要目标由过去的利润最大化转向以用户为中心、以市场为中心，每个人的利益都与市场挂钩。具体做法就是 SST，即：索酬，就是通过建立市场链为服务对象做好有偿服务，从市场中取得报酬；索赔，体现出市场链管理流程中部门与部门，上道工序与下道工序之间互为咬合的关系，如不能履约就要被索赔；跳闸，就是发挥闸口的作用，如果既不索酬也不索赔，第三方就会跳闸，"闸"出问题。

四、员工培训策略：立体人才培训体系

海尔集团一直贯穿"以人为本"提高人员素质的培训思路，建立了一个能够充分激发员工活力的人才培训机制，最大限度地激发每个人的活力，充分开发利用人力资源，使企业保持了高速稳定的发展。

"下级素质低不是你的责任，但不能提高下级的素质就是你的责任！"对于集团内各级管理人员，培训下级是其职责范围内必需的项目，这就要求每位领导（上到集团总裁、下到班组长）都必须为提高部下素质而搭建培训平台、提供培训资源，并按期对部下进行培训。

海尔集团的培训形式主要有：岗前培训、岗位培训、个人职业生涯规划培训、转岗培训、出国考察培训、海尔大学培训等。

第三章 劳动管理

劳动管理是化工企业管理的重要组成部分，是组织劳动力进行生产操作的一种管理形式。它以人为研究对象，通过对人与人、人与机器设备之间的关系及其发展变化规律的研究，找出调动人的积极性的方法，使之适应生产发展的需要，进而促进企业生产力的发展与提高，实现企业的既定目标。

通过本章学习，你将能够：

1. 了解劳动管理的含义；了解劳动生产率的含义及分类；了解影响劳动生产率提高的因素；了解劳动定额的含义和表现形式；了解劳动组织的内容；了解企业定员的方法。

2. 掌握劳动管理的内容；掌握提高劳动生产率的途径；掌握劳动定额的制定原则和制定方法；掌握各种形式的轮班制。

3. 学会制定劳动定额；学会设计提高劳动生产率的方案。

📖 案例导入

某企业李总很关心职工的生活福利问题，为职工把工资平均上调了1000元，刚开始职工很高兴，但慢慢地就冷淡了下来。李总认为工资调整了，产品产量和质量应该随之而上了，但使李总没有想到的是，每月的产品产量和质量并没有什么变化，有些职工工作只干六个小时就不干了，甚至迟到早退，李总想不通问题到底出在何处？

后来，李总接受了企业管理专家的意见，将1000元的上调工资拿出来600元作为工作效益工资的形式来发，对产品产量、质量等规定了合理的指标并严格考核。一开始有些职工意见很大，但没过两个月，产品的产量和质量都获得了大幅提升。

刚一开始的1000元调资，只是起到了"保健因素"的作用，实际就是吃大锅饭和搞平均主义，对生产的促进不大；后来拿出来600元作为工作效益工资就是一种"激励因素"，坚持按劳分配，把报酬和贡献大小、经济效益挂钩，有力地促进了产品产量和质量的提高。

看完上述案例后你有哪些感悟呢？你知道李总运用的是什么管理方法吗？

第一节　劳动管理概述

1. 劳动管理的含义

劳动管理就是对参加企业生产的劳动者及其活动的管理。它包括劳动生产率管理、劳动定额管理、劳动组织管理、劳动保护管理等管理活动。

劳动管理从企业的生产经营需要出发，对企业中有关劳动方面的工作进行科学的计划、组织、指挥、协调和控制，即采用有效而合理的方法，组织企业职工不断提高劳动生产率，增加企业效益，同时保障职工的健康和安全。

2. 劳动管理的意义

加强劳动管理有利于提高企业劳动者的素质，调动劳动者的生产积极性，加强劳动纪律，提高劳动生产率，进而增进企业的经济效益，为国家、企业创造更多的财富。

3. 劳动管理的内容

① 劳动生产率。

② 劳动定额。

③ 劳动组织。

④ 劳动者的权利与义务。

第二节　劳动生产率

一、劳动生产率的含义

劳动生产率是人们在生产中的劳动效率，即劳动者所生产的合格产品数量同生产这些产品所消耗的劳动时间的比值。

劳动生产率的表示方法主要有以下两种。

（1）用单位时间内所生产的产品的数量来表示劳动生产率水平

单位时间内生产的产品数量越多，劳动生产率就越高；反之则越低。即

$$劳动生产率＝合格产品数量/劳动时间$$

例如：某化工厂要生产 10000 吨合格产品，需要 1000 名工人同时工作 50 个小时，那么该化工厂的劳动生产率就是 0.2 吨。用这种公式表示时，劳动生产率水平的高低与单位时间平均生产的合格产品数量的多少成正比。这种表示方法习惯上称为劳动生产率的正指标。

（2）用生产单位产品所消耗的劳动时间来表示劳动生产率水平

生产单位产品所需要的劳动时间越少，劳动生产率就越高；反之则越低。即

$$劳动生产率＝劳动时间/合格产品数量$$

例如：某化工厂消耗了 50000 个工时，生产了 10000 吨合格产品，那么该化工厂的劳动生产率就是 5 小时。用这种公式表示时，劳动生产率水平的高低与单位时间平均生产的合格

产品数量的多少成反比。这种表示方法习惯上称为劳动生产率的逆指标。

二、提高劳动生产率的意义

劳动生产率水平的高低是社会生产力发展水平的重要标志之一。提高劳动生产率对于国家、社会、工厂、员工都有重要的意义。

① 提高劳动生产率是降低产品成本和提高经济效益的重要方法。

② 提高劳动生产率是增加工厂财富的重要保证。

③ 提高劳动生产率是企业发展生产的重要途径。

④ 提高劳动生产率是增加工资和改善人民生活的基本条件。

⑤ 提高劳动生产率是实现经济增长的主要手段。

> 企业运营的根本目的是营利，而劳动生产率的提高是实现这一根本目的的最有效手段。

三、劳动生产率的分类

劳动生产率按其计算的范围分为社会劳动生产率与个别劳动生产率两类。

1. 社会劳动生产率

社会劳动生产率是以全社会为单位来计算单位产品所耗费的社会平均必要劳动量。社会劳动生产率是衡量全社会范围内生产力先进或落后的根本尺度。

2. 个别劳动生产率

个别劳动生产率包括个人劳动生产率和企业劳动生产率。前者按个别劳动者的劳动耗费来计算，后者按个别企业的劳动耗费来计算。

个别劳动生产率高于社会劳动生产率，生产商品的个别劳动量就低于社会必要劳动量；反之，则高于社会必要劳动量。

四、影响劳动生产率提高的因素

生产产品不仅要消耗活劳动，也要消耗物化劳动，如原料、设备等，因此，生产过程中凡是影响活劳动和物化劳动的因素，对于劳动生产率都有着直接或间接的影响。具体说，决定劳动生产率高低的因素主要如下。

1. 劳动力

例如工人的技术水平和熟练程度、工人的劳动积极性、劳动组织的合理程度等。

2. 劳动工具

例如设备的性能和机械化、自动化程度，设备的开工班次及时间长短等。

3. 劳动对象

例如产品的设计工艺，原材料、半成品的质量状况等。

4. 生产过程的组织和管理

主要包括生产过程中劳动者的分工、协作和劳动组合，以及与此相适应的工艺规程和经济管理方式。

5. 科学技术的发展程度

科学技术越是发展，越是被广泛地运用于生产过程，劳动生产率也就越高。

6. 自然条件

主要包括与社会生产有关的地质状态、资源分布、气候条件等。

7. 劳动环境

例如温度、湿度、照明、粉尘等相关劳动条件和劳动环境。

8. 其他因素

例如生产组织与计划的合理程度，工资、奖金和福利制度的合理程度等。

五、提高劳动生产率的途径

劳动生产率是个综合指标，它的水平高低取决于产品设计、工艺设备、工人技术熟练程度、原材料和其他物资的供应以及企业管理水平等许多因素。因此，每一个企业提高劳动生产率的途径不尽相同。归纳起来主要有以下几个方面。

1. 提高生产技术水平

大力开展科学研究，广泛采用新技术、新设备、新工艺，努力改进生产的物质技术状况，提高生产技术水平。这是提高劳动生产率的基本途径。

2. 提高职工素质

企业的生存和发展归根结底在于人的作用，具体可落实到如何提高职工素质，调动职工的积极性和发挥职工的创造性等内容上，因此，企业必须有针对性地开展学习培训，努力建设和造就高素质的队伍，同时提高职工整体素质，激发职工的劳动积极性。这是提高劳动生产率的重要保证。

① 弘扬爱岗敬业精神，提高职工的思想政治觉悟，培养职工对企业的归属感和责任感，加强思想道德建设，牢固树立正确的世界观、人生观、价值观，特别要信奉和遵守职业道德规范，努力做到敬业、乐业、勤业、精业。

② 搞好职工技术培训，引导职工努力钻研与本职工作相关的多方面的业务技能，不断提高职工的科学文化水平和技术熟练程度。随着科技水平的发展，企业生产的机械化自动化水平也相应提高，使得手工操作比例逐渐降低，要求劳动者必须具备一定的技术水平和专业知识，才能操作先进的技术设备。这是提高劳动生产率的重要保证。

3. 提高管理素质

掌握现代管理的基本原理和方法，全面分析并正确处理管理活动中的各种问题，增强组织能力、应变能力和协调能力，并在管理中逐步采用先进的管理手段，提高管理效能。

4. 改善经营管理

企业要不断改进各项管理工作，特别是要改组生产组织和劳动组织，加强劳动纪律，提高工作利用率和出勤率，加强劳动保护，改善劳动条件，逐步实现企业管理的科学化、现代化。这是提高劳动生产率的必要条件。例如，我国某化工企业的主打产品甲醇的产销量连续八年均为全国第一，但是，从2006年开始产品由供不应求转为严重积压，最严重时库存达1万多吨，超过了正常季度产量。顿时，全厂陷入困境，后经分析是销售部门人员力量太薄弱，全厂635人只有5人从事销售工作。针对此种现象，该厂从2006年5月起，厂领导从全厂职工中选拔了30名优秀人才充实销售部门，并建立了市场分片责任制，产品销售量迅速上升，重新出现供不应求的局面。

5. 完善分配制度

就是要正确贯彻按劳动分配的原则，建立合理的工资奖励制度，提高工资奖励工作，从物质利益上调动员工的积极性。这是提高劳动生产率的内在动力。研究表明，员工在受到充分激励时，可发挥其能力的80%～90%，而在仅保住饭碗不被开除的低水平激励状态，员工仅发挥其能力的20%～30%。我国很多企业劳动生产率低，与不合理体制压抑员工积极性有很大关系。因此，改革劳动、人事、分配制度，建立一个有效的激励机制，激发和调动员工的工作积极性、创造性是劳动管理的又一个关键。

📖 案例

一条猎狗将兔子赶出了窝，一直追赶它，追了很久仍没有捉到。牧羊看到此种情景，讥笑猎狗说"你们两个之间个子小的反而跑得快。"猎狗回答说："你不知道我们两个的跑是完全不同的！我仅仅为了一顿饭而跑，它却是为了性命而跑呀！"

这话被猎人听到了，猎人想：猎狗说得对啊，我要想得到更多的猎物，得想个好法子。于是，猎人对猎狗们说："凡是能够在打猎中捉到兔子的，就可以得到几根骨头，捉不到的就没有饭吃。"这一招果然有用，猎狗们纷纷去努力追兔子，因为谁都不愿意看着别人有骨头吃，自己没吃的。

就这样过了一段时间，问题又出现了。大兔子非常难捉到，小兔子捉起来就容易得多，但捉到大兔子得到的奖赏和捉到小兔子得到的差不多，猎狗们善于观察，发现了这个窍门，专门去捉小兔子。慢慢地，大家都发现了这个窍门。

看着最近的收成，猎人问猎狗："最近你们捉的兔子越来越小了，为什么？"猎狗们说："反正奖励没有什么大的区别，为什么费那么大的劲去捉那些大的呢？"

猎人听到猎狗的回答，经过一番思考后，决定不将分得骨头的数量与捉到兔子的数量挂钩，而是采用每过一段时间，就统计一次猎狗捉到兔子的总重量，按照重量来评价猎狗，决定一段时间内的待遇。于是猎狗们捉到兔子的数量和重量都增加了，猎人很开心。

第三节　劳动定额

一、劳动定额的概念

劳动定额是指在一定的生产技术和组织条件下，劳动者生产一定数量的合格产品或完成一定数量的工作所预先规定的劳动消耗量的标准。

二、劳动定额的表现形式

劳动定额主要有工时定额、产量定额、看管定额、消耗定额四种形式，具体如下。

1. 工时定额

工时定额指用时间表示的劳动定额，即规定生产单位合格产品或完成某项工作所必需消耗的时间。它通常包括作业时间、休息与生理需要的时间、布置工作的时间、准备与结束的时间四个部分。

① 作业时间：指劳动者在劳动岗位上的净工作时间。

② 休息和生理需要时间：指为了消除疲劳、保持劳动者体力及生理需要所消耗的时间。如工作期间休息、喝水、上洗手间等，这部分时间的多少与劳动强度、工作环境、工作内容有关，通常情况下劳动强度越大，这部分所需要的时间越多。

③ 布置工作的时间：即劳动者用于照看工作地，使生产现场保持正常所需要的时间。它又分为技术性和组织性两种，技术性如换刀、调整机床、清理切屑等；组织性是指因生产组织的需要而消耗在布置工作地的时间，如班前准备和交接班工作。

④ 准备与结束时间：劳动者接受某项任务后做准备工作和做结束工作所消耗的时间。前者包括领取技术图纸资料和工具、调试机器、安装工夹具所用的时间，后者包括交验产品、退料、交还工具、图纸等所用的时间，这类时间的特点是每批产品只发生一次，这类时间消耗与工作内容有关。

一般劳动定额时间可表示如下。

$$T_{单} = T_{作} + T_{布} + T_{休}$$

其中 $T_{单}$ 是指生产单件产品的时间，$T_{作}$ 是指作业时间，$T_{布}$ 是指布置工作的时间，$T_{休}$ 是指休息与生理需要的时间。在成批生产条件下，应加上每批产品所需准备与结束的时间。在确定工时定额的基础上，换算产量定额的公式如下。

产量定额＝一个轮班的工作时间/单位工时定额

另外，由于管理工作的失误或工人违反劳动纪律等原因造成的时间损失称为非定额时间。诸如劳动者在工作中做了本职工作以外的工作所消耗的时间、劳动者违反操作规程造成的责任事故损失的时间等都不是完成某项工作所必需的时间消耗，都不属于定额时间。

2. 产量定额

产量定额即用产量表示的劳动定额，规定在单位时间内应完成合格产品的数量。如车工规定一小时加工的零件数量、装配工规定一个工作日应装配的部件或产品的数量、宾馆服务员规定一个班次应清理客房的数量等。

3. 看管定额

看管定额指以看管机器设备的数量表示的劳动定额。即在单位时间内一个工人或一组工人同时看管机器设备的台数。

4. 消耗定额

消耗定额是根据合理的生产程序，按照正常生产条件制订的，生产单位合格产品所需人工、材料、机械台班的社会平均消耗量标准。

三、劳动定额的作用

劳动定额是企业的一项重要的基础性管理工作，不同形式的劳动定额，适用于不同的生产条件，正确制订和贯彻劳动定额，对于企业生产管理系统的正常运作具有重要的作用。具体表现如下。

① 劳动定额是合理组织劳动力，提高劳动生产率的重要手段。劳动定额规定了各项工

作的劳动消耗量，为制订正确的定员标准、平衡生产能力和在各项工作中配置适当的劳动力提供了科学的依据。同时，劳动定额规定了劳动者在一定时间内应当完成的生产任务，这就是把企业提高劳动生产率的任务落实到个人，有助于增强劳动者的责任感，提高定额的完成率，降低产品中活劳动的消耗，节省人力，促进生产。

② 劳动定额是企业编制计划的基础，是科学地组织生产的依据。在企业运行中，计算产品的产量、产品的成本、劳动生产率等各项经济指标和编制生产、作业、成本、劳动计划都要以劳动定额为依据。

③ 劳动定额是企业实行经济核算和完善经济责任制的工具。通过劳动定额核算，准确地规定包干基数和分成比例，把生产任务层层分解落实到车间、班组和个人，明确和检查督促所承担的经济责任，有利于完善和推行企业经营责任制。

④ 劳动定额是开展劳动竞赛、不断提高劳动生产率的重要手段。贯彻先进合理的劳动定额，既便于推广先进经验和操作方法，又有利于开展学先进、超先进的劳动竞赛。

⑤ 劳动定额是计算工人报酬的主要根据。企业在贯彻按劳分配原则的条件下，劳动定额的完成情况，既是评定工人技术等级的重要条件，又是考核成绩、计算奖金的主要依据。特别是在实行计件工资情况下，劳动定额完成的情况，直接决定着工人劳动报酬的多少。

四、劳动定额的制订

1. 劳动定额的制订原则

（1）劳动定额的制订要快、准、全。

① "快"是指定额时间要能及时满足生产的需要。

② "准"是指质量上要达到先进合理的水平，既要使定额适应技术进步和企业发展的需要，又要使大多数劳动者在正常生产组织条件下，经过努力可以顺利达到定额的要求。

③ "全"是指凡是可能制订定额的工作都要有定额。

（2）劳动定额的制订要与企业的生产技术、管理水平、劳动者的劳动能力等相适应。定额太低，起不到促进工人提高效率的作用，定额太高则容易挫伤工人的积极性。因此，劳动定额必须根据生产技术条件的变化定期和不定期地进行必要的调整与修改。

（3）劳动定额的制订必须以保持各部门的平衡为前提。

（4）劳动定额的方案需要相对稳定，定期修改。

例如，定额的制订需与产品的生产类型、生产的批量相适应，批量较少时可以采用评估法、类推法，批量较大时宜采用测定类方法，一旦情况有变，应及时调整。

2. 劳动定额的制订方法

劳动定额的制订是对劳动者的劳动量大小的要求，也是企业的技术水平、管理水平等方面的综合反映，它是劳动定额工作的核心。劳动定额如果过高，劳动者经过努力仍然完成不了定额任务，便会挫伤劳动者的工作积极性，影响定额的贯彻；劳动定额如果过低，劳动者不经过努力就能轻而易举地完成定额任务，甚至超额，便会助长劳动者的惰性意识，对生产也没有促进作用。所以，合理的定额水平，是在正常的生产条件下，多数职工经过努力可以达到或超过的定额。为了制订先进合理的定额，要选择恰当的制订定额的方法。

① 经验评估法：根据生产实践经验，依照有关技术文件或实物，并考虑现有条件，由

定额员或三结合（工人、技术人员和定额员）小组，根据实践经验直接估算出定额的一种方法。它主要应用于多品种小批量生产、单件生产、新产品试制、临时性生产的情况。比如某工件某道工序的加工，以前一直是用 2 小时，现在加工同类产品时也没有特殊情况出现，那么现在加工时间也确定是 2 小时。

② 比较类推法：它是以同类产品的劳动定额为依据，经过分析比较后制订定额的一种方法。

③ 统计分析法：根据过去同类产品的实际工时消耗的统计资料，结合考虑当前生产条件的变化情况，来制订劳动定额的一种方法。该方法以统计资料作为依据，其准确性比经验评估法、比较类推法高，但要求资料收集要准确齐全，并根据现有情况做出调整，清除原有时间消耗中的水分。统计分析法一般应用在生产比较正常、产品比较稳定、条件变化不大、品种较少的情况下。

④ 技术测定法：通过对技术条件组织分析，在挖掘生产潜力和操作方法合理化的基础上，通过计算来制订定额。技术测定法制订定额的工作步骤如下。

① 分解工序。

② 分析设备状况。

③ 分析生产组织与劳动组织。

④ 现场观测与记录。采用工作日写实、测时、工时抽样等方法，实地观测和记录工序作业内容、作业方法及各部分工时消耗的实际状况。

⑤ 分析计算劳动定额时间。是指通过大量的计算和系统分析来计算劳动定额的方法，此法科学准确，但工作量大，适用于大批量生产的企业和生产稳定的企业。

以上方法各有优缺点和适用范围，在实际工作中，一般要结合起来使用。

五、劳动定额的执行

劳动定额制订以后，必须组织好劳动定额的执行工作。这是定额在生产和管理中的客观要求，劳动定额的执行要注意以下要点。

① 及时将定额下达到各班组、各岗位，把定额执行和岗位制结合起来。

② 要采取科学合理的方法，调动全体职工执行劳动定额的积极性。

③ 制订各种生产技术的组织措施，为定额的贯彻执行提供条件的保证。

④ 注重加强劳动定额执行情况的统计、检查和分析工作，及时掌握定额的执行情况和存在问题，为修订劳动定额提供依据。

⑤ 建立健全劳动定额的管理机构。

第四节　劳动组织

一、劳动组织的概念

劳动组织就是为了提高劳动生产率，在生产劳动过程中，按照生产的过程或工艺流程科学地将劳动者、劳动工具与劳动对象有机地结合起来，以便所有人员能够协调工作。劳动组织是生产运作过程组织和管理的一项重要工作。

二、劳动组织的任务

① 根据企业的生产特点，采用适当的劳动组织形式，合理地配备劳动者，使人尽其才，充分调动每个劳动者的积极性，不断提高劳动生产率。

② 正确处理劳动力与劳动工具、劳动对象之间的关系，做好工作地服务、生产班次安排与操作的改进等工作，并随着生产的发展，不断地调整组织形式，以达到用人少，效率高，完成和超额完成生产任务。

三、劳动组织的内容

（一）劳动分工与协作

本着员工配备精简、统一、效能和节约的原则进行劳动分工与协作，设置企业、车间、工段、生产班组等组织机构，组织企业各类人员合理的结构和比例，建立岗位责任制，消除无人负责现象，培养工人的"一专多能"和相互协作能力。

（二）工作组

工作组，又称作业组，它是以劳动分工为基础，把为完成某项作业而相互协作的有关人员组织在一起的集体劳动。

工作组是当生产工作不能由单个工人独立进行时，由不同工种或同一工种的若干工人组成的工作组织。它是企业劳动组织中最小的单元，是不可再分的群体。如设备修理组、电焊作业组、锻压作业组等。

（三）工作轮班组织

不同企业根据其不同的生产工艺和技术特点，本着有利于发展生产、提高劳动（工作）效率、增进职工身体健康的原则，合理安排工作时间，采用不同的工作轮班制度，如单班制、多班制等。一般化工、医药、发电等流程式企业实行多班制，学校、机电行业一般采用单班制。

1. 单班制

每天只组织一班生产，工人按统一时间工作和休息，它有利于工人的身体健康。单班制组织工作比较简单，管理方便，便于利用班前、班后的时间维修设备，但不利于机器设备、厂房的充分利用。

2. 多班制

企业每天安排两个或两个以上班次进行生产活动的一种劳动组织形式。通常有两班制、三班制及四班制等。

（1）两班制

每天分早、中两班组织生产，工人一周上早班，另一周上中班，没有夜班，如大型超市售货员、部分公交车司机等。

（2）三班制

每天分早、中、晚三班组织生产，其倒班形式主要有以下两种形式。

① 正倒班。在轮换班次时，原来早班的工人，经过一周后倒到中班，原来中班的工人倒到晚班，原来晚班的工人倒到早班。见表3-1。

表3-1　正倒班制

班次	第一周	第二周	第三周
早班	甲	丙	乙
中班	乙	甲	丙
晚班	丙	乙	甲

② 反倒班。在轮换班次时，原来早班的工人经过一周后倒到晚班，原来中班的工人倒到早班，原来晚班的工人倒到中班。见表3-2。

表3-2　反倒班制

班次	第一周	第二周	第三周
早班	甲	乙	丙
中班	乙	丙	甲
晚班	丙	甲	乙

（3）四班制

将每天分为四个班次。它适合于生产条件较差和对身体健康影响较大的工种，如化工、纺织、医药、发电等，常见形式有"四班三运转"、"四八交叉作业"等。

① 四班三运转。这种轮班制八天为一个周期，周期内每天早、中、晚各工作两班后，连续休息两天，此种轮班制被很多大型企业广泛采用。见表3-3。

表3-3　四班三运转（8天中工作6天，休息2天）

工作日	1号	2号	3号	4号	5号	6号	7号	8号	9号	10号
早班	甲	甲	丁	丁	丙	丙	乙	乙	甲	甲
中班	乙	乙	甲	甲	丁	丁	丙	丙	乙	乙
晚班	丙	丙	乙	乙	甲	甲	丁	丁	丙	丙
休息班	丁	丁	丙	丙	乙	乙	甲	甲	丁	丁

② 四八交叉作业。亦称"四八交叉制"，这种轮班制每昼夜组织四班生产，每班工作仍为8小时，前后两班之间的工作时间相互交叉。见表3-4。

表3-4　四八交叉作业（每班独立工作时间为4小时）

班次	1号	2号
8:00～16:00	甲	甲
14:00～22:00	乙	乙
20:00～4:00	丙	丙
2:00～10:00	丁	丁

（四）工作地组织

工作地组织是指占有一定的生产面积，配备一定数量的工人、设备和工具，并适量堆放劳动对象，在一个工作地内，进行个体作业或群体作业。

1. 工作地组织的内容

（1）合理装备工作地

配备工作地设备、工具、必要辅助设备等，保持良好的环境和秩序，并组织好设备供应和服务工作。

（2）合理布置工作地

半成品和工位器具必须放在固定位置，并符合作业内容、操作顺序和使用频率的要求，工作台的高度、物品放置的高度与形状等要符合工人躯体特点。

（3）合理组织工作地

切实做到劳动者、劳动工具和劳动对象三者达到最优结合，保持工作地清洁卫生，物品堆放整齐有序，通道畅通，保持良好的工作环境和工作条件（照明、温度、噪声、粉尘、涂色等）。

2. 工作地组织的意义

工作地组织有利于发挥工作地的设备、工具、工位器具的效能，尽量节约空间和生产面积；有利于工人进行生产活动，减少消耗辅助时间，提高劳动生产率；有利于创造良好的工作环境和劳动条件，保证工人的生产安全和身心健康。

（五）企业定员

在保证生产活动正常进行的前提下，根据企业的生产规模和生产类型，合理配备各类人员，节约使用和配备劳动力，减少冗员，使员工工作负荷合理化，不断提高劳动生产率。

1. 定员的要求

① 定员水平要先进合理：以高效率、满负荷、充分利用工时为标准确定定员，做到事事有人干、人人有事做。

② 定员标准相对稳定：定员标准要相对稳定，不能朝令夕改，但要随着企业生产经营活动的发展变化，及时调整定员标准，使其与生产实际需要相适应。

③ 各类人员的比例要合理：基本生产人员与辅助生产人员的比例要合理，技术人员、普通工人、管理人员占职工总数的比例要合理。

2. 定员的方法

（1）按效率定员

$$生产定员人数 = \frac{定员范围年工作总量}{每人每年有效工作时间 \times 定额完成系数}$$

（2）按设备定员

$$设备定员人数 = \frac{设备数量 \times 设备开动班次}{工人看管定额 \times 出勤率}$$

（3）按岗位定员

$$设备定员人数 = \frac{岗位数量 \times 岗位班数}{岗位定员 \times 出勤率}$$

> 定员的基本依据是计划期的总工作量和每个人可承担的工作负荷量。

（六）多机床看管

多机床看管是指一个（或一组）工人同时看管多台设备。实行多机床看管的前提就是设备运行过程的自动时间大于工人的手动操作时间。设备的自动时间是指机器自动加工时间。工人的手工操作时间包括：走动时间、工器件装夹时间、调整对刀时间等。工人利用机器设备的自动时间，操作其他设备，自动时间与手动时间之比越大，工人可看管的设备台数就越多。即

$$看管台数 \leqslant 机器的机动时间 / 工人的手动时间 + 1$$

（七）劳动绩效组织

劳动绩效组织即制订职工在组织生产、技术和工作时间方面应遵守的准则，并按准则给以必要的赏罚，以保证集体劳动有秩序地进行，同时调动职工的工作积极性。

（八）劳动竞赛

为了发挥劳动组织的作用，调动职工的劳动积极性和主动性，还要开展各种形式的劳动竞赛，如生产进度竞赛、技术创新竞赛、科学管理竞赛、产品质量竞赛等，并以劳动竞赛促进劳动者技术水平的提高。

四、做好劳动组织工作的要求

① 根据生产需要，建立岗位责任制。合理配备劳动者，充分发挥每个劳动者的专长和积极性，避免劳动力的浪费或劳动力配备不足。

② 合理的组织工作地。把劳动者和设备、工具、劳动对象合理地组织起来，从而减轻劳动强度，节省劳动时间，充分利用设备和场地，使劳动者劳动最方便、最安全、最卫生、最高效。

③ 合理组织轮班，及时调整劳动组织。合理组织轮班，要合理配备各班人员，正确安排各班工人轮休；建立严格的岗位责任制度，使每个成员和轮班班组都有明确的职责；建立各班之间的交接班制度，加强各班之间的协作。

④ 劳动组织要适应生产发展的需要，及时进行调整，以保证企业正常生产。

⑤ 创造良好的工作环境和安全卫生条件，保证劳动者的身心健康和促进劳动生产率的提高。

练习题

一、思考题

1. 什么是劳动管理，它包括哪些内容？
2. 什么是劳动生产率，提高劳动生产率的途径有哪些？
3. 什么是劳动定额，它的表现形式有哪些？
4. 劳动定额的制订原则有哪些？
5. 制订劳动定额的方法有哪些？
6. 什么是正倒班制，什么是反倒班制？
7. 试论述"四班三运转"。
8. 请根据所学知识，设计出提高劳动生产率的方案。

二、案例分析

某企业的一条生产线上，工人的工作是从流水线上取下电脑主板、扫描商标、装进静电袋、贴上标签、最后重新放入流水线，每个动作被设定为 2 秒钟，工人每天要完成 20000 个动作。在繁重的生产任务下，每天四五千次地重复着快速乏味的动作，工人承受了极高的工作强度和生产压力。调查数据显示，12.7％的工人曾有在工作时晕倒的经历，47.9％的工人反映工作时有精神紧张的情况。在员工工作态度调查中，约有 33.3％员工认为自己的工作单调无味。与国内大多数同类型的企业一样，该企业采取了流水线作业，为了保证机器 24 小时运转，该企业实行"黑白两班倒"，白班工人的工作时间是 8：00～20：00，夜班工人的工作时间是 20：00～8：00。调查数据显示该企业 75％的工人"月平均休息天数"为 4 天，73.3％的工人"平均每天工作时间"在 12 小时及以上。工人月平均累计加班时间为 83.2 小时，严重违反《中华人民共和国劳动法》中的每月最高加班时间不超过 36 小时的规定，终于在春节后的某一天，企业总裁办公室一天内收到了 83 份辞职信。

试运用所学知识，谈一下对上述事件的看法。

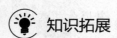 **知识拓展**

管理者提高劳动生产率的七项举措

劳动生产率的提高离不开管理者的努力工作，但众多的企业管理者的实践已经证明一个道理：管理者的努力工作并不意味着就能取得成功，有时可能还会产生负面的效果。一个管理者很多时候辛勤的工作还不如智慧的工作，思考工作的性质、重要性、时间性、难易性、空间性等，这样才能充分利用企业内的资源，才能以最少的资源实现企业的最大效益，从而提高企业在行业内的市场竞争力，更好地实现管理者的自我价值。

1. 招聘选拔那些与战略能力相匹配的员工

面对日益激烈的商业竞争环境，管理者为吸引和雇佣最有资格的员工，应做好充足的准备。对岗位认真分析后，制定相应的招聘规划，通过各种招聘方法和招聘渠道招聘到适合企业发展的员工。把招聘和选拔员工当作一个业务，当作一个足以影响企业未来发展的业务。

2. 为员工提供培训、晋升的机会

把培训当做企业文化的一部分，培训的内容应与公司的目标或战略适应，应得到企业高层的支持且有必需的资源、充足的时间和金钱。

公司给予培训机会，说明自己过去的工作得到了公司领导的赏识，未来还有发展与晋升的潜力，从而提高了员工的工作激情。拥有可以晋升的机会，更能体现员工的价值，进而可以提高他们的工作效率，提高整个公司的劳动生产率。

3. 建立合理、透明、简单和公平的绩效体系

管理人员就是要设置目标，提供相应的资源，给予及时的回报，让每一个员工都清楚自己的付出和回报之间的比值。通过综合利用绩效评估的各种方法，如目标管理、强制分布法、排序法、关键事件法等建立符合企业、员工和股东利益的绩效体系。

4. 实施合理有竞争力的薪资体系，侧重于浮动工资系统

在给予经济性报酬的同时努力提供非经济报酬（如保护计划、员工参与决策、员工自管、培训机会、支持发展公司文化等），尽可能实现外部公平、内部公平和个人公平的结合。薪资的合理性和公平性才能为企业留住优秀人才，薪资的合理性和公平性也是实现优秀人才价值和企业价值的重要且有效的途径。

5. 认识到提高劳动生产率没有"速成"的捷径

人员的招聘与配置、开发与培训、绩效的管理、薪酬的实施、劳资关系的协调、工作的再设计和生产、生产流程再造、渠道的建设和销售、售后的服务，这些在实践和理论中都必须与商业目标的首要任务相联系，并且将他们整合成全面提高劳动生产率的策略。

6. 认识到通过避免错误使质量持续提高的重要性

要做到这一点需要对所有企业成员的态度进行重塑，使他们认识到质量比简单地把产品卖出去更为重要。

7. 关心员工生活和福利，重视企业文化

采取实际措施为员工创造更好的工作和生活环境，实行员工援助计划，帮助员工解决现实问题。通过帮助员工，让员工体会到企业的关怀，增强员工对企业的感情，从而提高劳动生产率。

第四章　化工企业生产管理

　　生产管理既是实现产品开发、搞好销售与服务的前提，又是将企业经营目标转化为现实的保证，因此做好企业的生产管理对于企业有着至关重要的作用。尤其是化工企业由于其生产具有高温、高压、易燃、易爆的特点，更需要通过制订和完善生产计划、控制生产过程来保证企业经营目标的实现。

通过本章学习，你将能够：

1. 了解生产的含义；了解生产管理的含义；了解生产控制的有关内容。
2. 掌握化工企业生产的特点；掌握生产控制的要求；掌握生产计划制定的依据；掌握生产过程组织的要求；掌握 6S 管理的内容。
3. 能够根据化工企业生产管理的任务合理组织生产。

📖 案例导入

　　某化工集团公司从 20 世纪 80 年代开始，便成为我国西南地区的化工企业龙头，公司所生产的化肥几乎垄断了西南地区的化肥市场。为进一步提高化肥的产量，2003 年该集团公司斥资 3 亿美元从德国引进了全世界先进的化肥生产设备，新设备投产之后，化肥生产的成本降低了四分之一，化肥产量提高了 1.5 倍，化肥质量也较以前有了很大的提高，然而，2005 年该集团公司却因化肥滞销而濒临破产。

　　试分析：该集团公司化肥滞销可能是由哪些原因造成的？

第一节　化工企业生产管理概述

一、化工企业生产管理的有关概念

1. 生产的含义

生产是指劳动者把自然资源、社会资源等转化为能够满足人们一定需要的产品或服务的过程。

2. 生产管理的含义

生产管理有广义与狭义之分。广义的生产管理包括成本管理、质量管理、设备管理、劳动组织与劳动定额管理、环境保护等内容。

狭义的生产管理是指以生产过程为对象的管理，即对企业生产技术的准备、原材料投入、工艺加工直至产品完工的具体活动过程的管理。本章主要讲的是狭义的生产管理。

> 生产的类型：
> ① 按工艺过程划分：流程式生产、装配式生产。
> ② 按确定生产任务的方式划分：备货生产、订货生产。
> ③ 按生产数量划分：大量生产、单件生产、成批生产。

二、化工企业生产管理特点分析

1. 从企业规模看

化工企业投资量大，企业规模通常较大，常以企业集团的形式出现。企业的人、财、物众多，需要很好的组织协调。

2. 从生产技术上看

具有生产工艺多样性的特点。几乎每种化工产品的生产都有其独特的工艺、独特的操作规程和反应条件。因此，从事化工生产的人必须具备一定的专业知识。

3. 从原料供应和产品销售方面看

具有原料品种多、规格严、连续供应等特点。化工产品种类繁多，其产品与人们的生产、生活息息相关。市场变化对产品生产影响较大，化工产品的市场营销较为复杂。

三、化工企业生产管理的任务

化工企业生产管理的任务就是要求化工企业通过运用管理手段，安全、清洁、连续、均衡、经济地生产出能够达到消费者使用标准的合格产品。

1. 安全

安全指生产管理必须坚持"安全第一，预防为主"的方针，加强安全管理和劳动保护，建立合理的管理制度和安全操作规程，消除生产劳动过程中不安全因素，保障职工劳动的安全，防止人身事故和设备事故的发生，使生产过程顺利进行，使国家和企业财产免受破坏和损失。

2. 清洁

清洁指在生产过程中，节约原材料和能源，淘汰有毒原材料，减少和降低废弃物的数量与毒性。

3. 连续

连续指物料连续地按一定工艺顺序运转。化工生产主要是装置性生产，从原料供给到产品加工的各个环节，均是通过管道等方式进行输送的，采用自动控制进行调节，形成一个首尾连贯、各环节紧密衔接的生产系统。任何一部分生产装置运转失常都会直接或间接地影响到生产过程的连续性和有效性，严重时会使生产过程中断，造成巨大的经济损失。

4. 均衡

均衡指化工生产各环节在相等时间段内，完成等量或均衡递增（或均衡递减）的产品或工作任务量，防止生产负荷突增或突减。

5. 经济

经济指讲求经济效益。以最少的劳动、物资消耗和资金占用，生产出尽可能多的适销对路的产品，亦即做到高效低耗。

> 生产管理的最终目标：人人有事干，事事有规范，办事有流程，工作有方案。

四、化工企业生产管理的内容

生产管理是化工企业管理不可或缺的职能管理环节。

1. 生产系统的设计

生产系统的设计包括厂房的建设、产品的选择和设计、生产设施的选择及布置、生产工艺的选择等内容。生产系统的设计是生产系统运行的基础，设计的好坏直接决定了生产的成败。如产品的选择不当，将导致方向性错误，一切人力、物力、财力都将付之东流。

2. 生产系统的运行

生产系统的运行主要是指现行的生产系统中，按照市场的变化和用户的需求，生产出合格的产品。生产系统的运行涉及生产计划、组织、控制三个方面。

（1）计划

主要解决生产什么、生产多少和何时生产的问题，包括预测市场和消费者对本企业产品的需求，确定产品的品种和产量，确定产品交货期等。

（2）组织

解决如何合理组织本企业的劳动者、劳动资料、劳动对象和信息等生产要素，使有限的资源得到充分合理的利用。

（3）控制

解决如何按计划完成任务的问题，主要包括订货控制（订不订、订什么、订多少，决定生产活动的效果）、投料控制（投什么、投多少、何时投，关系到产品的出产期和在制品数量）、生产进度控制、库存控制（原材料库存、在制品库存、成品库存）和成本控制等。

五、化工生产管理的基础性工作

要想管理好化工生产，必须做好化工生产的基础管理工作。化工生产的基础管理工作主要包括规章制度管理、标准化管理、信息管理、计量测试管理、定额管理五项基础管理工作。

1. 规章制度管理

规章制度是保证企业各项工作顺利进行的基础，正所谓"不以规矩，不能成方圆"，缺少了规章制度，人人随心所欲，企业生产便无法保证。它具体包括：责任制度、工作制度、技术标准和技术规程。

2. 标准化管理

标准化管理主要包括技术标准、管理标准、工作标准等内容，做好化工生产的标准化管理，使之贯穿于生产的全过程，是实现化工企业生产管理合理化、规范化和高效化的基础。

3. 信息管理

企业生产过程是一个动态过程，各项生产要素时刻在发生变化，因此，化工生产管理必须做好信息管理工作，使生产要素的变化迅速传递到管理中心，以便采取及时的应对措施。

4. 计量测试管理

计量测试主要包括对一切劳动对象、劳动手段、中间产物和最终产品的检定、测试、化验、分析和检查等工作。它是化工企业组织生产活动必不可少的基础工作。化工企业的技术标准、产品质量和生产操作过程的控制都是经过计量测试来完成的。

5. 定额管理

定额是企业计划的基础。定额管理是在一定生产技术组织条件下，对企业人力、物力、财力等资源的利用与消耗方面所规定的应当遵从或达到的标准。它主要包括完善定额体系、及时修订不合理的定额、积极执行定额三个步骤。

六、化工企业生产管理的意义

① 化工企业生产管理是实现企业经营目标的前提。产品的品种、数量、质量是企业经营目标中的重要组成部分，生产目标的实现情况决定企业市场目标的实现情况。

② 加强生产管理，有利于企业管理者搞好经营决策。加强生产管理，稳定生产大局，企业管理者才能用主要精力抓好经营决策，免于为稳定生产大局而疲于奔命。

③ 加强生产管理，利国利民。能源节约、安全管理、环境保护均属于生产管理的范畴，稍有疏忽，就有可能造成经济损失、人身伤亡事故或环境污染，影响企业的正常运营。

第二节　化工企业生产计划与生产控制管理

一、化工企业生产计划

古人云："凡事预则立，不预则废。"这是说做任何事情要想取得成功，必须要制订计划，否则只能以失败告终。化工生产更是如此，更需要有完善的生产计划来保证化工生产的顺利进行。

1. 生产计划的分类

生产计划是一个有机结合的系统，生产企业可以从时限上把生产计划分成长期计划、中期计划和短期计划三种类型。

① 长期生产计划。长期生产计划一般为 3～5 年，是由企业决策部门制订的具有决定意义的战略性规划。计划一旦确定将对有关产品的发展方向、发展规模、设备的更新和生产组织机构的改革等方面做出规划与决策。

② 中期生产计划。中期生产计划一般为 1～3 年，通常情况下的年度生产计划就是企业的中期生产计划，是生产企业中层管理部门制订的计划。它是在计划年度内实现的生产目标，如品种、产量、质量、产值、利润、交货期等。

③ 短期生产计划。短期生产计划一般为 1 年以内，它是年度生产计划的继续和具体化，它具体确定日常生产运作活动的内容，常以主要生产计划、物料供应计划、能力需求计划和生产作业计划等来表示。

2. 生产计划制订的主要依据

化工生产计划的制订依据主要有以下两方面。

① 市场的需要。市场的需求量是制订计划的主要依据，所制订的计划如果超出了市场的需求量，容易造成产品的积压；所制订的计划如果低于市场的需求量，则会出现供不应求的局面，无法满足消费者的需求。

② 企业自身的生产能力和资源的保证程度。

二、化工企业生产控制

1. 生产控制的含义

生产控制是根据生产计划拟定一套程序和方法，来控制各项生产活动，以便在预定的时间和成本限度内，生产出预定数量的合格产品。它涉及生产过程中人、机、物等各个方面，包括生产进度控制、质量控制、成本控制、资金控制等。

2. 生产控制的前提条件

（1）控制要有计划

计划越明确、全面和完整，控制的效果也就越好。正如某主管人员事先不知道所期望的是什么，他也就无法判断自己的单位是否正在实现所期望的目标。

（2）控制要有组织机构

各级组织机构要明确自己在整个生产控制活动中应承担的责任，与计划一样，组织机构越明确、全面和完整，工作会越有成效。

3. 控制的基本过程

在化工企业中，无论控制的对象是什么，也不论控制范围的大小，基本的控制过程都包括三个步骤：确定标准、评定成效、纠正偏差。

（1）确定标准

确定标准就是确定衡量实际工作的尺度。它包括选择和确定工作成效的项目及项目要达到的水准，控制的目的是实现计划，所以控制项目的选择和水准的确定都要以计划为基础。

（2）评定成效

评定成效是生产控制的第二个步骤。评定成效就是收集信息，测定工作实际，将它和标准进行比较，对工作实绩进行评估，以便为下一步工作奠定基础。

（3）纠正偏差

纠正偏差是生产控制的第三个步骤。也是生产控制中最重要的一个步骤，它具体包括分析产生偏差的原因、拟定纠正偏差的措施和采取纠正行动。

第三节 化工企业生产过程的组织和管理

一、化工生产过程的概念

化工生产过程是指从投入化工原材料开始，一直到化工成品生产出来为止的全部过程。

二、生产过程的构成

不同的行业、不同的产品或不同生产规模的企业，由于采用的生产工艺和工艺方法的不同，而有着不同的生产过程。但不论哪一类生产过程，一般均由以下几部分构成。

1. 生产技术准备过程

在产品投产前所做的各项生产技术准备工作，如产品设计、工艺设计、原材料的准备等。

2. 基本生产过程

基本生产过程是指劳动者直接对劳动对象进行加工，并把劳动对象转化为化学产品的过程。

3. 辅助生产过程

辅助生产过程是为了保证基本生产过程的正常进行而提供必要条件的过程。辅助生产过程包括工具、夹具、量具、各种动力等的生产以及设备维修等。

4. 生产服务过程

生产服务过程是为基本生产和辅助生产所进行的各种生产服务活动，如化工原料、半成品和工具的保管、供应、运输以及实验和分析化验等。

生产过程的四项组成内容中，基本生产过程是企业的主要活动，代表了企业的基本特征和专业水平。其他的过程都是根据生产过程的需要设置的。化工企业的生产过程组织就是要将这几部分内容有效地组合在一起，形成一个协调配合的生产系统，完成企业的生产任务。

三、合理组织化工生产过程的要求

化工生产过程的组织就是要根据化工产品的特点，对生产过程中的生产设备、输送装置、工序、在制品存放点等进行合理的配置，使产品在生产过程中的行程最短、通过时间最快和各种耗费最小，以获得最大的经济效益。因此，合理组织生产过程必须符合以下的基本要求。

1. 生产过程的连续性

化工生产是高度连续作业，整个生产过程是连续进行的。就一道工序而言，化学反应一旦中断，化学反应条件就会失去平衡，严重影响反应的正常进行，即使再恢复反应条件，往往也不能迅速进入状态，且副反应等不安全因素都会增加。就生产过程的整体而言，一道工序的中断会导致整个生产流程的运行中断。因此，要想保证生产的高效性，生产过程必须是连续的。

2. 生产过程的比例性

生产过程的比例性又叫生产过程的协调性，是指生产过程各阶段、各工序在生产能力上要保持适当的比例关系。主要表现在生产能力的比例性、生产速度的比例性、生产设备的比例性、各类专业人才的比例性等。只有保持了生产过程的比例性，化工生产才能达到高效、低耗的效果。

3. 生产过程的均衡性

生产过程的均衡性又叫生产过程的节奏性。它要求整个化工生产要有节奏地进行，避免前松后紧或时松时紧等现象的发生。一旦打破了生产过程的这种节奏，不仅危害生产设备的正常运转，而且会给生产的组织带来困难。

四、化工生产过程的组织形式

1. 化工生产过程的时间组织

化工生产过程的时间组织是指化工原料等劳动对象经过各生产部门、工序时，在时间上配合和衔接方式的组织。时间组织的任务是尽量缩短产品的生产周期。

2. 化工生产的空间组织

化工生产的空间组织是指生产过程各阶段、各工序及相应的机器设备在空间分布和位置上的关系。它主要包括两种形式。

① 工艺专业化生产组织形式。即"三个相同，一个不同"，就是在生产单位中，集中着同类生产装置和同种操作人员，采取相同的生产工艺却生产不同产品的工艺形式。如氯碱厂的生产车间，用同样的设备、同样的人员和同样的工艺方法，生产42%的烧碱和48%的烧碱两种不同的产品。

② 对象专业化生产组织形式。即"三个不相同，一个相同"，就是在生产单位中，集中着加工同一种产品所需要的各种机器设备和各种工种的工人，对同一个产品进行不同工艺的加工。

第四节　化工企业文明生产

化工企业生产过程中存在着高温、高压、易燃、易爆、易腐蚀和有毒、有害物等诸多不安全的因素。因此，搞好化工企业的文明生产有着十分重要的意义。

一、文明生产的含义

所谓文明生产，是指生产的科学性，具体是通过创造科学合理的内部条件和外部条件从而保证生产质量的活动。内部条件主要指生产要有节奏，要均衡生产，物流路线的安排要科学合理，要适应于保证质量的需要；外部条件主要指有助于保证质量的环境、光线等。

二、化工企业文明生产管理的内容及要求

化工企业文明生产是在化工生产过程中正确协调人、物、环境三者之间关系的生产活动。它不仅仅指干净、整洁的工作环境，还包括企业的科学管理和员工的文明素质。文明生产管理是化工生产安全、稳定、长周期运行的重要条件之一，主要有以下几方面的要求。

1. 建立一套科学的文明生产管理制度

文明生产管理工作的前提是"有章可依"，有制度才有管理，有制度才有约束。因此要建立一套科学的文明生产管理制度，包括各项责任制度、工艺规程、操作规程、设备维护和检修规程、安全技术规程等。

2. 培养一支高素质的职工队伍

文明生产管理强调的是人的精神内涵，因此，要通过各种培训和榜样作用，提高职工的内在修养，使文明生产成为职工发自内心的一种自觉行为，从而形成一支忠于职守、严于律己、奋发进取、训练有素的职工队伍。

3. 创造一个安全整洁的工作环境

安全整洁的工作环境，有利于企业员工的身心健康，有利于劳动生产效率的提高，有利于产品质量的稳定，因此化工企业要创造良好的现场生产环境，使生产现场符合职业卫生、环境保护和劳动保护的要求。

三、化工企业生产现场的 6S 管理

1. 6S 管理的含义

6S 管理是由日本企业的 5S 管理扩展而来的，是指在生产现场中对人员、机器、材料、方法等生产要素不断进行整理、整顿、清扫、清洁、从而提高素养保证生产安全进行的管理活动。整理（Seiri）、清扫（Seiso）、整顿（Seiton）、清洁（Seiketsu）、素养（Shitsuke）、安全（Safety）六个词的第一个字母都是"S"，所以被称为 6S 管理。

2. 6S 管理的内容

（1）整理

将现场的各种物品区分为必要和不必要物品两类，不要的物品予以丢掉，要的物品加以保管。

（2）清扫

工作场所定期清扫，使工作场所明朗化，减少事故的发生。

（3）整顿

对必要的物品分门别类，按照规定的位置摆放整齐，并加上标识，随时保持立刻能够取出想要物品的状态。

（4）清洁

消除"脏污"，保持工作场所干干净净、明明亮亮。

（5）素养

遵守制度、养成习惯。

（6）安全

预知危险，防患于未然。

3. 6S 管理的作用

① 提供洁净的工作场所。

② 提高生产效率。

③ 减少故障，保障品质。

④ 加强安全，减少隐患。

⑤ 养成节约的习惯，降低生产成本。

⑥ 提高企业形象，改善企业精神面貌，形成良好企业文化。

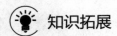 **练习题**

一、思考题

1. 什么是生产管理？
2. 化工企业生产管理的内容有哪些？
3. 化工企业生产管理的任务有哪些？
4. 生产计划制定的依据是什么？
5. 生产控制的基本过程有哪些？
6. 生产过程组织的要求有哪些？
7. 化工企业文明生产管理的要求有哪些？
8. 6S管理的内容有哪些？

二、分析题

有人说"做企业无须生产管理，只要有充裕的资金、先进的设备和生产技术、一流的厂房、优秀的技术工人即可。"

请从"生产管理"的角度谈一下你对上面这句话的看法。

知识拓展

化工安全生产条例

1. 生产厂区十四个不准

① 加强明火管理，厂区内不准吸烟。
② 生产区内，不准未成年人进入。
③ 上班时间，不准睡觉、干私活、离岗和干与生产无关的事。
④ 在班前、班上不准喝酒。
⑤ 不准使用汽油等易燃液体擦洗设备、用具和衣物。
⑥ 不按规定穿戴劳动保护用品，不准进入生产岗位。
⑦ 安全装置不齐全的设备不准使用。
⑧ 不是自己分管的设备、工具不准动用。
⑨ 检修设备时安全措施不落实，不准开始检修。
⑩ 停机检修后的设备，未经彻底检查，不准启用。
⑪ 未办高处作业证，不系安全带，脚手架、跳板不牢，不准登高作业。
⑫ 石棉瓦上不固定好跳板，不准作业。
⑬ 未安装触电保安器的移动式电动工具，不准使用。
⑭ 未取得安全作业证的职工，不准独立作业；特殊工种职工，未经取证，不准作业。

2. 操作工的六个严格

① 严格执行交接班制度。
② 严格进行巡回检查。
③ 严格控制工艺指标。

④ 严格执行操作法（票）。

⑤ 严格遵守劳动纪律。

⑥ 严格执行安全规定。

3. 化工（危险化学品）企业保障生产安全的十条规定

① 必须依法设立、证照齐全有效。

② 必须建立健全并严格落实全员安全生产责任制，严格执行领导带班值班制度。

③ 必须确保从业人员符合录用条件并培训合格，依法持证上岗。

④ 必须严格管控重大危险源，严格变更管理，遇险科学施救。

⑤ 必须按照《危险化学品企业事故隐患排查治理实施导则》要求排查治理隐患。

⑥ 严禁设备设施带病运行和未经审批停用报警系统。

⑦ 严禁可燃和有毒气体泄漏等报警系统处于非正常状态。

⑧ 严禁未经审批进行动火、进入受限空间、高处、检维修、盲板抽堵等作业。

⑨ 严禁违章指挥和强令他人冒险作业。

⑩ 严禁违章作业、脱岗和在岗做与工作无关的事。

第五章 化工企业质量管理

著名质量管理大师朱兰曾预言："21 世纪是质量世纪"。在这个随时随地都有人抢你的奶酪的时代，谁不把质量看成企业的生命，谁没把提升质量作为企业终身的工程，谁就会被淘汰。质量是企业的生命线，今天的质量就是明天的市场。产品质量的好坏直接关系到企业自身的生存和消费者的利益，甚至危及国家的兴衰。质量管理作为企业管理的重要组成部分，对企业的生存发展具有重要的意义。因此，每一个企业，每一个企业的从业人员，必须牢固树立"质量第一，用户第一"的质量观念，掌握必要的质量管理理论和方法，并在实践中加以运用，才能在激烈的市场竞争中立于不败之地。

通过本章的学习，你将能够：

1. 了解质量的含义；了解化工产品的质量指标；了解化工企业质量管理发展历程；了解化工产品质量检验的有关内容；了解 QC 小组的含义与特点。

2. 掌握影响化工企业产品质量的因素；掌握化工企业质量管理的概念及特点；掌握化工企业质量管理的内容；掌握化工企业全面质量管理的概念、内容、基本要求和特征；掌握 PDCA 质量循环的特点；掌握实施 ISO 9000 系列标准的意义。

3. 会用 PDCA 质量循环管理法进行质量管理；会设计开展化工企业 QC 小组活动。

案例导入

20 世纪 90 年代，某市一家生产尿素的企业因资不抵债濒临破产，当时，所有人都认为其直接原因是产品质量低劣，该企业生产的化肥不仅没有起到促进农作物生长的目的，而且凡是使用该企业化肥的农田几乎全部绝产，使用该公司所生产的化肥而造成的直接经济损失就高达 2.7 亿元人民币。

一时间要求赔偿者包围了整个企业，随后，企业被当地有关部门勒令停产，企业职工放假长达 1 年之久，负责人 13 次被传上法庭。

五年后，当人们再次关注该企业的时候，该企业已成为国内化肥生产行业的佼佼者，产品的市场占有率已达到 1.6％左右，该企业的年总产值较之五年前的鼎盛时期增长了 3 倍，2000 年该企业仅一年的利润就高达 18 亿元人民币，面对该企业冰火两重天的巨大变化，许多老职工说："我们企业之所以能够走出困境，并且发展壮大，根本原因在于产品的质量。劣质的产品曾经使我们的企业倒闭，优质的产品使我们的企业走向辉煌。"

从上述案例中你得到了哪些启示？

第一节　化工产品质量与质量管理概述

一、质量

1. 质量的含义

质量有广义和狭义两种。广义的质量，包括产品质量、工作质量。全面质量管理的对象是广义的质量，要求以工作质量来保证产品质量；狭义的质量，专指产品质量，是产品固有特性满足各种要求的程度。

2. 化工产品的质量指标

（1）产品的外在指标

通过人的感官来感知的指标，化工产品的外在指标主要包括产品的外观、形态、色泽、气味等内容。对于有经验的人来说，通过对产品的外表观察，便能识别出某些产品的质量。如硫化氢具有令人恶心的臭鸡蛋气味，一旦这种恶心的气味没有了，也就说明硫化氢的质量出问题了。

（2）产品的内在指标

主要包括产品的纯度、杂质含量等内容，并据此判断产品的等级。如按照我们国家的有关规定：纯碱"一级品"的碳酸钠含量$\geq 99\%$，"二级品"的碳酸钠含量$\geq 98.5\%$，"三级品"的碳酸钠含量$\geq 98\%$。

二、影响化工企业产品质量的因素

随着时代的发展，质量管理已由以前的重结果转变为目前的重过程，变事后把关为事前预防，因此实施质量管理要从影响产品质量的因素入手，进行预防管理。纵观整个生产过程，造成产品质量波动的原因主要有以下几个因素。

1. 人

人是指人的质量意识、责任感、技术水平、身体状况等。

2. 材料

材料是指材料的成分、物理性能和化学性能等。

3. 机器设备

机器设备不但包括生产作业设备，还包括刀板、模具、夹具、量具等辅助性机器设备的性能和维护保养状况。

4. 工艺方法

工艺方法包括工艺流程的安排、工艺之间的衔接、工序加工手段的选择（如工作环境与条件的选择、工艺装备配置的选择、工艺参数的选择）、工序加工指导文件的编制（如操作规程、作业指导书、工序质量分析表等）、量具以及测试仪表等。

5. 检测手段

检测手段指检验测量的方法是否标准、正确、测试仪器是否标准等。

6. 环境因素

环境因素指工作场地的温度、湿度、含尘量、噪声、振动、辐射等是否达标。

三、化工企业质量管理的概念及特点

1. 化工企业质量管理的概念

化工企业质量管理是指化工企业在生产化工产品的过程中，针对产品质量所进行的指挥、控制、组织、协调活动。它涵盖了质量保证、质量控制和质量体系，是所有涉及质量职能和活动的管理。

2. 化工企业质量管理的特点

（1）一切以预防为主

把过去单纯以产品检验"事后检查"的消极"把关"改变为以预防为主、防检结合、事前控制的积极预防策略。

（2）一切用数据说话，用统计的方法来处理数据

"一切用数据说话"就是用数据和事实来判断产品的质量，而不是仅凭印象、好恶、感觉等主观意识来判断。

> 传统的质量管理与现代的质量管理的区别：
>
> ① 传统观点认为，"质量是企业的生命"强调了企业，忽视了顾客；现代观点认为，"提高质量是企业的社会责任"把质量观念扩展到社会生活的一切。
>
> ② 传统质量管理追求的是"符合性质量"，即"产品合格"，其本质是以企业为中心来考虑质量问题；现代质量管理追求的是"适应性质量"，即以"顾客满意"为核心。
>
> ③ 传统质量管理侧重于结果，希望在终端处制造质量；现代质量管理注重过程，力争使每一个质量管理的过程都实现增值转换。

（3）一切为用户着想，树立质量第一的思想

在企业里树立质量第一的思想，主要体现在更好地为下道工序服务上，产品生产就是为了满足用户的需要，"下道工序就是用户"这个口号在企业里应大力提倡和推行。

四、化工企业质量管理的发展

1. 质量检验阶段（20 世纪 20—40 年代）

其主要特征：

① 将质量检验工作作为一种专门工序。

② 检验方法以对产品实行全数检验及筛选为主。

2. 质量统计控制阶段（20 世纪 40—60 年代）

其主要特征：

① 采用抽样检查方法，降低了检验费用。

② 强调工序质量的动态控制，预防不合格品的产生。

③ 及时分析影响产品质量的原因，使质量管理由事后检验变为以预防为主。

3. 全面质量管理阶段（20 世纪 60 年代至今）

主要特征：全面性、全员性等。

五、化工企业质量管理的内容

① 制订化工企业生产质量方针和产品质量目标。

② 制订高、严结合的质量管理标准。化工企业在制订质量管理标准时，要考虑到在标准定下来之后，势必经历由企业高层到质量主管部门，然后是采购、研发、制造等部门，再往下是生产车间、班组、生产线上的工人多个层级传递。按照传递效能递减的规律，如果最初的标准不高，在经历层层递减之后，最终达到的可能是一个很低的标准，因此企业在制订质量标准时，一定要本着"高"而"严"的原则。

> 1％的质量缺陷就意味着：每小时丢失 20000 件邮包；每周做错 5000 例外科手术；大型机场每天发生 5 起事故；每年有 200000 张处方配错药；每天生产 8500 吨不合格的化肥。

③ 严把质量控制关。很多企业平时不重视质量管理过程中的控制，比如忽视对员工进行质量知识的培训和对原材料采购、技术研发、制造现场管理的把关，而是热衷于以罚代管，在出现质量事故后对有关责任人进行"秋后算账"，这样做实际上得不偿失。

④ 建立健全质量保证体系。

⑤ 适时进行质量提高。

 案例

动物园为新来的小鹿修建了两米高的围栏，可第二天人们发现小鹿却在围栏外玩耍。于是，围栏又被加高了两米，可转天小鹿同样又跑出来了。

旁边的邻居鸵鸟大惑不解："如果围栏持续加高，你还跑得出来吗？"

"哪怕加到一百米我也跑得出来。因为动物园管理人员只想着加高围栏，却从不锁门。"

六、化工企业质量管理的意义

① 加强质量管理有助于提升企业的市场竞争力，扩大企业的生存空间。

随着世界经济发展由数量型增长向质量型增长的转变，市场竞争的核心要素已由过去的数量、价格发展到今天的质量，企业要生存、发展必须提高产品质量，只有这样，产品才有竞争力，企业才有竞争力。

② 加强质量管理有助于提升企业管理的整体水平。

通过开展以质量为中心的企业管理，可以促进企业的计划管理、生产管理、劳动管理等各方面管理工作素质的提升，从根本上提高企业的管理水平。

③ 加强质量管理有助于提升企业的文化。

质量管理不仅提高了企业的产品和服务，而且对企业文化也有很大的促进作用。质量管理中所建立的质量意识、标准化意识、责任意识等更是企业文化的重要组成部分。

第二节　化工企业全面质量管理

一、化工企业全面质量管理的概念

化工企业全面质量管理就是化工企业为了保证和提高产品质量，组织企业全体员工，运用现代科学的管理技术，控制影响产品质量的全部过程和所有因素，经济实效地研发、生产和提供用户满意的化工产品的系统管理活动，简称 TQC，即全面（Total），质量（Quality），管理（Control）。在我国，全面质量管理又被称为"三全一多"管理，即全员的质量管理、全过程的质量管理、全企业的质量管理和多方法的质量管理。

二、化工企业全面质量管理的内容和基本要求

化工企业全面质量管理是指化工企业生产经营活动全过程的质量管理，其具体内容和要求如下。

1. 市场调查

企业通过市场调查，了解自己所生产的产品在市场上的质量反应，以及客户对产品质量的要求，以便企业及时调整产品策略。

2. 原材料准备

原材料是保证产品质量的基础，原材料的优劣直接决定了企业所生产产品的质量，因此企业在准备原材料时应严把质量关。

3. 生产过程

生产过程是产品实体形成的过程，它是决定产品质量的关键因素，对于生产过程的管理主要是通过控制和提升操作者的技术熟练程度、操作方法、生产环境等方面来保证产品质量。

4. 检测过程

检测在生产过程中起把关、预防、反馈的作用，在这个过程中，要将不合格产品及时找出，防止其流入下道工序或顾客手中，同时将产品质量情况反馈到有关部门，以便指导下面的工作。

5. 售后服务

通过售后咨询、上门指导等方式，及时解决顾客对于所购产品的各种问题。

三、化工企业全面质量管理的特征

1. 全面性

全面质量管理不仅要管理产品质量，而且还要管理产品质量赖以形成的工作质量，通过

工作质量来保证产品质量，预防和减少不合格品的产生。其管理范围涉及设计质量、制造质量、使用质量等方面，该特性也是全面质量管理不同于以往质量管理的基本特征。

2. 全员性

全员性即调动企业中的全体人员，包括领导人员、工程技术人员、基层管理人员都参与到质量管理的工作中来。这是全面质量管理最基本的特点。

3. 全过程

其范围是产品质量产生、形成和实现的全过程，包括市场调查、设计、制造、检验、维护等多个环节和整个过程的质量管理。

4. 社会性

所谓社会性是指要使全面质量管理深入持久地开展下去，并取得好的效果，就不能把管理工作局限于企业内部，需要通过全社会的质量立法、质量认证、质量监督来加以引导和控制。

5. 预防性

全面质量管理要求把管理工作的重点从"事后把关"转移到"事先预防"上来。

6. 服务性

全面质量管理要求牢固树立为用户服务的思想。这里所说的"为用户服务"表现为以下两个方面。

① 对企业外部，表现在为消费者服务。

② 对企业内部，则表现在上道工序为下道工序服务。

四、化工企业全面质量管理的基本方法——PDCA 工作循环管理法

全面质量管理中所运用的方法不是单一的，而是多样性的。它既有定量分析的方法，也有定性分析的方法（如因果图法）；它既有利用数理统计原理的方法，也有利用一般数学知识的方法（如排列图法）；它既有解决具体质量问题的方法，又有解决工作程序和思路的方法（如 PDCA 工作循环）。在这些方法中，对于解决问题、改进工作最为重要和最为有效的方法便是 PDCA 工作循环管理法。

1. 什么是 PDCA 工作循环管理法

PDCA 工作循环管理法又叫戴明环，是美国质量管理专家戴明最早提出的，它是用四个阶段、八个步骤来展示反复循环的工作程序。"PDCA 循环"中，P、D、C、A、分别代表英文的"计划"（Plan）、"实施"（Do）、"检查"（Check）、"处理"（Action）几个词。它是按照计划、实施、检查和处理这样四个阶段的顺序来进行管理工作，它是开展质量管理活动运转的基本方式，是一种科学的工作程序。

2. PDCA 工作循环的阶段及步骤

PDCA 工作循环包含四个阶段、八个步骤。

（1）计划阶段（P）

计划阶段是在调查分析的基础上，确定质量管理目标，拟定相应措施，编制计划。这个阶段包括四个小的步骤。

步骤一：分析现状，找出存在的质量问题。对于存在的质量问题，要尽可能用数据说明。

步骤二：在收集到资料的基础上，找出出现质量问题的原因。在分析时要逐个分析，切忌笼统。

步骤三：在各种原因中，找出影响产品质量的主要原因。

步骤四：针对影响质量的主要原因，制订解决方案。所制订的方案通常包括以下内容。

① 要做的是什么工作？

② 为什么要做这项工作？

③ 该工作要达到什么目标？

④ 在哪儿做这项工作？

⑤ 做这项工作的起止时间是什么？

⑥ 谁来做这项工作？

⑦ 怎样做这项工作？

（2）实施阶段（D）

实施计划，完成任务。

步骤五：将制订的计划、方案上报上级领导，得到上级领导批准和支持后，认真完成上述方案。

（3）检查阶段（C）

检查执行计划的情况，分析存在的问题，衡量和考察取得的效果。

步骤六：检查计划的执行情况，分析计划的执行效果，如果效果不佳或者没有效果要找出原因。

（4）处理阶段（A）

总结检查结果并予以处理。成功的经验应予以肯定和发扬，失败的教训也要总结，以免重蹈覆辙。

步骤七：根据检查的结果，把成功的经验和失败的教训加以总结，成功的经验要予以肯定，并制订成标准，以便今后借鉴；对于失败的部分要找出原因，加以纠正，并将失败的具体情况记录在案，防止今后再次发生。

步骤八：执行过程中不成功或遗留问题，转入下一个 PDCA 工作循环解决，以此类推。

PDCA 工作循环管理法作为全面质量管理的最基本管理方法，适用于所有化工企业各个环节的质量管理，在这个管理过程中上述"四个阶段、八个步骤"之间相互联系，有机结合，形成了一个循环整体。

3. "PDCA 工作循环"的特点

① 周而复始的不停循环。PDCA 工作循环过程不是运行一次就完结，而是按照"计划"（P）、"实施"（D）、"检查"（C）、"处理"（A）再到"计划"（P）、"实施"（D）……的过程，周而复始地进行。一个循环结束了，解决了一部分问题，可能还有问题没有解决，或者又出现了新的问题，再进行下一个 PDCA 工作循环，依此类推如图 5-1 所示。

② 大循环套小循环，小循环保大循环，并推动大循环有效运行。一个公司或组织整体运行的体系与其内部各子体系的关系是大环带小环的有机逻辑结合体，大环和小环通过质量计划指标连接起来，大循环是小循环的依据，小循环是大循环的组成部分和具体保证。如果把企业质量管理作为大循环，那么，车间和班组的质量管理即是中循环和小循环，只有小循

环的质量管理工作做好了，才能保证企业质量管理大循环的有效运转，如图 5-2 所示。

③ PDCA 工作循环每转动一次，就要解决一批质量问题，使得产品质量和工作质量提高一步，达到一个新水平，图 5-3 为 PDCA 循环不停地转动和提高。

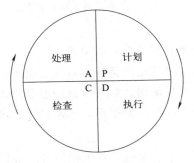

图 5-1 周而复始，不停循环

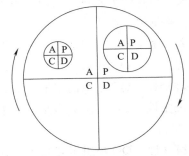

图 5-2 大循环套小循环，小循环保大循环

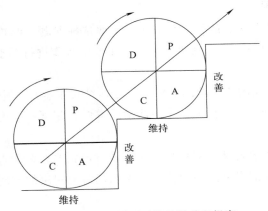

图 5-3 PDCA 循环不停地转动和提高

④ PDCA 工作循环中的四个过程"计划"（P）、"实施"（D）、"检查"（C）、"处理"（A）不是截然分开的，它们之间存在一定交叉点，例如在实际管理中，边计划、边执行、边检查、边总结、边改进的情况是经常发生的。

> 质量管理的传统方法（质量管理的七种工具）：分层、检查表、排列图、因果图、直方图、散布图、控制图。

五、化工企业 QC 小组活动

1. QC 小组的含义

QC 小组又称质量管理小组，1997 年国家经贸委、财政部等部门在印发的《关于推进企业质量管理小组活动的意见》中明确指出，质量管理小组（QC 小组）即：在生产和工作岗位上从事各种劳动的职工，围绕企业的经营战略、方针目标和现场存在的问题，以改进质量、降低消耗、提高员工的素质和经济效益为目的组织起来，运用质量管理的理论和方法开展活动的小组。

QC 小组于 20 世纪 60 年代起源于日本，目前已遍及五大洲 40 多个国家和地区。1978

年 9 月，北京内燃机总厂第一个 QC 小组的成立，标志着我国 QC 小组活动进入试点阶段。

2. QC 小组活动的特点

① 灵活性：QC 小组的组建从质量管理的实际出发，采取以工人为主，工人、技术人员、干部三结合的方式进行组建，组织类型多样，可以在班组、工序、车间内建立，也可以跨部门、跨班组组织。

② 规范性：QC 小组成立并确定课题后，要办理注册登记手续，取得正式资格。

③ 自主性：QC 小组是以班组管理为基础，以质量管理理论为指导的自发的组织。

④ 群众性：QC 小组的组成人员大部分来源于企业的最基层，具有很强的群众代表性。

⑤ 民主性：QC 小组大多是自发组建的，行政命令所占的比例很小，小组长也是民主选举产生。

⑥ 科学性：QC 小组组建之后，并不是盲目地开展工作，小组各项工作的开展都以企业的大政方针和质量管理的方法为依据。

3. QC 小组活动步骤

QC 小组的活动应遵循科学的程序和方法，采取选择课题、调查现状、分析原因、确定目标、制定对策、实施对策、检查效果、总结修正八个步骤进行活动。

（1）选择课题

QC 小组的选题范围应围绕企业的方针、目标，结合本组生产中存在的问题和实际生产条件选择课题，课题的选择关系到 QC 小组活动的方向、深度和广度。

（2）调查现状

课题选定前后要深入了解课题的现状，认真做好现状调查，调查过程中要注重数据的搜集和整理，找出现状与标准需求之间的差距，并明确需要解决的问题。

（3）分析原因

充分发挥 QC 小组成员的聪明才智，把造成问题的主要原因分析透彻，并根据造成问题原因的主次关系，加以排序。同时，为防止分析中产生的偏差，还要对分析得出的主要问题进行认真核实。

（4）确定目标

在分析主要原因的基础上，确定把问题解决到什么程度。设定目标时应注重目标实现的可能性，既要防止目标定得太低使活动无意义，又要防止目标定得太高使小组成员失去信心。

（5）制定对策

根据确定的目标和影响质量的各种原因的主次顺序，制定出相应的对策，明确各项问题解决的具体措施、要达到的目标、由谁来做、何时完成以及检查人是谁等问题。

（6）实施对策

认真实施制定的对策，并根据在实施过程中出现的新问题，及时修改对策，经过小组成员讨论后，再予以实施。

（7）检查效果

措施落实后要对最终效果进行综合检查，确认活动结果是否达到了预期目标，如果达到预定目标，小组可以进入下一步工作，如果没有达到预期目标，小组应对课题重新进行分析，找出原因，并制订出相应的对策。

（8）总结修正

QC 小组取得成果后要认真总结经验，肯定有效的措施，并将其标准化，对于效果不明显的或遗留的问题，应继续研究，作为下一阶段的活动目标。

总之，QC 小组在开展活动时，要严格按照 PDCA 循环的步骤去做，认真制订计划，并在实施过程中检查评价，不断向更高质量标准迈进。

4. QC 小组活动的作用

QC 小组是企业中广大职工自愿组织起来的，运用科学管理的理论与方法参加全面质量管理活动的一种群众性组织，它所开展的活动具有以下作用。

① 调动更多的职工参与质量管理。

② 增强员工素质，提高企业管理水平。广大职工通过参加质量管理小组活动，能不断地提高自身的质量管理水平，进而使企业的整体素质得到提高。

③ 提高产品质量。

④ 有助于企业实现企业质量方针。

六、化工产品的质量检验

1. 化工产品的质量检验的含义

化工产品的质量检验是指将产品入库前或者出厂前对其进行的检验，是全面考核产品质量是否满足市场指标和达到用户要求的重要手段。

2. 化工产品质量检验的方法

① 全检：即把需要检测的全部产品或半成品进行逐一检测。

② 抽样：抽样又称取样，是从欲检测的全部样品中抽取一部分样品进行检验，其基本要求是要保证所抽取的样品对全部样品具有充分的代表性。

3. 化工产品抽样检验的步骤

① 根据化工产品总体的质量要求和我国抽样检验的国家标准（GB）制订抽样方案。

② 检验人员必须严格执行抽样方案。

检验人员是抽样方案的具体实施者，是抽样方案得以实施的关键，因此检验人员必须学习和熟悉抽样方案，选择合适的抽样方法，抽取规定数量的产品作为待检样本，然后按规定需要实施检验。

③ 必须客观、完整、规范地填写抽样记录。

第三节 ISO 9000 与质量认证

一、建立和完善质量管理体系的目的和标准

为了提高质量管理水平，适应国际贸易和国际技术经济合作与交流的需要，国际标准化组织（ISO）于 1987 年 3 月正式颁布了 ISO 9000 "质量管理和质量保证"系列标准。这标

志着质量管理和质量保证标准走向了规范化、系列化和程序化的世界高度。

这一系列标准颁布以后，迅速得到许多国家和地区的重视与应用。从而使该标准成为国际上公认的供应方质量保证和实施质量体系评审的统一标准，对于企业而言，得到这一标准，也就相当于获得了一张国际贸易的"通行证"，极大地增强了企业产品在市场上的竞争力。

二、ISO 9000 系列标准内容简介

ISO 9000 质量管理和质量保证体系是第一个国际性的标准体系，它体现了世界各国对企业质量管理的极大关注，并取得了共识。该标准是针对组织的管理结构、人员、技术能力、技术文件、管理制度和内部监督机制等一系列体现产品质量及服务质量的管理措施的标准。它适用于任何企业和组织，目前已被很多国家采用，我国于 1993 年起实施了 ISO 9000 系列标准。该系列标准主要包括以下的内容。

① ISO 9001——设计、开发、生产、安装和服务质量保证模式。它是在 ISO 9002 标准的基础上又增加了设计的条款。它要求企业从合同评审、设计到售后服务的每一个环节都必须符合质量要求。它强调对设计质量的控制。

② ISO 9002——生产和安装质量保证模式。它是在 ISO 9003 标准的基础上又增加了 6 条标准，它要求从生产、安装到售后服务都要严格把关，保证生产过程、安装以及售后服务各阶段都符合质量要求。该标准适用于绝大多数制造业、安装业企业。

③ ISO 9003——最终检验和试验的质量保证模式。它包括 12 项条款，只保证在最终检验和实验时符合质量要求。该标准要求较低，一般只适用于较简单的产品。

④ ISO 9004——指导企业内部建立质量体系的指南。主要包括建立质量体系的原则，质量体系应包含的基本要素，各基本要素的含义，各基本要素的目标，各基本要素之间的接口及所要求的文件等内容。

三、实施 ISO 9000 系列标准的意义

ISO 9000 系列标准是世界上许多经济发达国家质量管理实践经验的科学总结，具有通用性和指导性。实施 ISO 9000 系列标准对于促进国际贸易活动、消除贸易技术壁垒等都有着至关重要的作用。

① 实施 ISO 9000 系列标准有利于提高产品质量，保护消费者的利益。

随着现代科学技术的飞速发展，产品的科技化、精细化程度越来越高，使得消费者在采购和使用这些商品时，很难在技术上对这些产品加以鉴别。但是当生产某产品时，生产企业拿到了 ISO 9000 质量管理体系认证书，并且有认证机构的严格审核和定期监督，所生产的产品质量自然可以得到保证，消费者的利益自然也可以得到保证。

② 有助于增加国际贸易，消除技术壁垒。

在国际经济技术合作中，ISO 9000 系列标准被作为相互认可的技术基础，为国际经济技术合作提供了国际通用的共同语言和准则，对于消除技术壁垒，排除贸易障碍起到了十分

积极的作用。

③ 有利于提高经济效益和改善企业形象。

生产企业拿到 ISO 9000 质量管理体系认证书的同时，也代表了企业形象得到了全世界的认可，企业产品的质量得到了消费者的认可，企业的订单自然会增加，企业经济效益的提高也就水到渠成了。

 练习题

一、思考题

1. 什么是质量？
2. 影响化工企业产品质量的因素有哪些？
3. 什么是质量管理？
4. 化工企业质量管理有什么特点？
5. 化工企业质量管理的内容有哪些？
6. 企业全面质量管理的概念、内容、基本要求和特征各是什么？
7. PDCA 工作循环管理法包括哪几个阶段和步骤？
8. PDCA 工作循环的特点有哪些？
9. 化工企业 QC 小组的活动步骤是怎样的？
10. 实施 ISO 9000 系列标准的意义是什么？

二、分析题

试结合知识拓展的有关内容，为企业设计全面质量管理的方案。

 知识拓展

格力代言"让世界爱上中国造"

1. 高品质产品"中国制造"走向世界

格力于 20 世纪 90 年代中期开始进入巴西市场，2001 年在当地投资建厂，成为第一批进入巴西发展的制造业企业之一。格力建立了当时巴西最先进的自动化空调生产线，同时引进总部的质量管理体系，在设计、制造、采购等环节大力推行"零缺陷"要求，建立了高于巴西当地标准的质量标准和管理体系，在很短的时间内，格力品牌和格力品质就获得了巴西消费者的认可。

2016 年，格力中标里约奥运会多个场馆和奥运村、媒体村等配套项目；2018 年，格力携手国家电网，为巴西美丽山二期特高压直流输电项目所有换流站提供全套暖通空调服务；在 2018 年建成总面积约 10 万平方米的新厂房后，格力巴西空调年产量可达 100 万套；2021年，格力中标巴西圣保罗黎明商场一期 3000RT 离心机项目。此外，由于在节能环保上的持续研发投入和突出贡献，格力巴西已连续 15 年获得巴西最高节能奖——总统"节能之星"奖。

格力在巴西的发展历程是格力多年来坚持以高品质获得全球认可的缩影，也是"中国制造"走向世界逐渐被世界认可的明证。

2015 年，格力提出"让世界爱上中国造"，以自主研发的独有技术满足全球消费者需求：零下 35℃仍能稳定制热的三缸双级变容压缩机为全球严寒地区消费者送去温暖；60℃高温仍能强劲制冷的新一代"冷酷"外机为全球炎热地区消费者送去清凉。据统计，2021年格力家用空调全球市场占有率超过 20%，位居全球第一。

2. 高技术创新"中国创造"引领未来

在 2021 年全球制冷技术创新大奖赛上，格力电器与清华大学联合团队研发的"零碳源"空调技术，从全球近百个国家 2100 多支参赛团队中脱颖而出，大赛组委会测算显示，该系统能够实现节能 85.7%，在大赛中夺冠。

早在 1995 年，格力就建立了行业独一无二的筛选分厂，对外协外购零部件进行"海关式"筛选检验。自 2012 年起，创建了以 D-CTFP 质量技术创新循环为核心的 T9 全面质量控制模式；2016 年逐步发展建立"让世界爱上中国造"格力"完美质量"管理模式。该模式于 2018 年 7 月获得第六届管理科学奖专项奖，同年 10 月，荣获中国质量领域最高荣誉——第三届中国质量奖。2019 年，格力参与起草的《质量管理：基于顾客需求引领的创新循环指南》获批成为国家标准。

从首创区域性销售公司模式到拥抱互联网的新零售变革，格力也在不断创新营销模式，现已形成了线上线下融合的新型营销模式。此外，格力还建立了一整套"选、育、用、留"的创新人才培养体系，并进军高端装备和精密模具，完成了"从 1 到 N"的布局和市场占位，开启了装备制造发展新征程。

格力的核心技术、研发平台、管理环境、文化氛围等方方面面都充分展示了坚定的自主创新意识和强大的自主创新能力，成为中国制造自主创新和高质量发展的样本。格力始终坚持做强中国制造业的初心，专注自主创新，紧扣时代脉搏，打造世界品牌，创造出具有中国特色的中国制造企业发展模式。

第六章 化工企业设备管理

设备是化工企业进行生产的物质基础和必要条件，是决定化工企业生产效能的重要因素，它对提高化工产品质量、节约原材料和动力消耗，保证安全生产都具有很大意义。设备管理是企业管理的一个重要组成部分。

通过本章学习，你将能够：

1. 了解设备的定义和分类；了解工具的含义。
2. 熟悉设备的选择、使用、改造及检修。
3. 掌握设备和工具保养维护的方法；掌握工具管理的内容。
4. 理解设备管理的定义和意义。

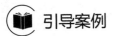 引导案例

加强巡检避免事故

王某在接班后进行例行巡检，当检查至异构化单元泵区时，他闻到淡淡的芳烃味，本着高度的责任心和安全意识，他认真检查了所有的运行泵和备用泵及管道，终于发现是 P304B 机械密封线上一道焊口有泄漏。泄漏出的二甲苯是三类毒物，可以通过呼吸道和皮肤进入人体，导致中毒，更危险的是 P304B 内 250℃、2.5MPa 的工艺介质正在向里侧喷射，不易被人发现，而其对面正是高温换热器 E303。如果不及时处理将很有可能发展成为一起严重事故。P304B 是异构化单元最关键的进口泵之一，无备用泵可用，如果处理不妥，将导致该单元甚至整个系统停车。此时，该员工立即将 P304B 隔离排液泄压，同时上报相关部门并由设备工程师联系检修公司处理。存在安全隐患的设备在一个班的时间内处理完毕，避免了一起重大安全事故的发生，保证了生产的顺利进行。

从此案例中，我们得到些什么启示？

第一节　设备管理概述

一、设备管理的基本概念

1. 设备的概念

设备，指可供人们在生产中长期使用，并在反复使用中基本保持原有实物形态和功能的生产资料和物质资料的总称。

2. 设备的分类

设备按在生产服务时不同的用途，可分为以下几类。

（1）生产工艺设备

用来改变劳动对象的尺寸、形状、性能、使劳动对象发生物理或化学变化的那部分设备。包括塔（精馏塔、合成塔）、炉（加热炉、裂解炉）、釜（反应釜、聚合釜）、机（压缩机、分离机）、泵（离心泵、真空泵）等。

（2）辅助生产设备

指为生产提供服务的设备，如机床（车、铣、刨）、采暖及通风设备。

（3）科研设备

指企业内部进行实验用的测试设备。

（4）管理用设备

指企业经营管理中使用的各种计算机、复印机、传真机等办公设备。

（5）生活用设备

主要指企业内的医疗卫生设备、通信设备、炊事设备等。

二、设备综合管理的内容

1. 设备综合管理的定义

设备综合管理就是运用现代科学技术、管理理论和管理方法，对设备寿命周期（从规划、设计、制造、购置、安装、使用、维护、修理、改造、更新到报废）的全过程从技术、经济和经营管理等方面进行综合研究和管理，以提高设备综合效率和追求寿命周期费用的经济性为目标，从而为提高企业的经济效益服务。

我国一些大中型企业在试行这一管理方法的过程中，以提高综合效率、追求寿命周期费用的经济性为目标，使企业的设备构成和技术状况有所改善，促进了企业的技术进步和产品的更新换代，从而获得了较好的经济效益。

2. 设备综合管理的内容

（1）实行设备全过程管理

就是将设备的整个寿命周期作为一个整体进行综合管理，取得设备整个寿命周期的最佳效益。

（2）对设备从工程技术、经济和组织管理三方面进行综合管理

其中工程技术是基础，管理是手段、经济是目的。

（3）把可靠性和维修性设计放到重要位置

即在设计、制造阶段就争取赋予设备较高的可靠性和可维修性，使设备在后天使用中，长期可靠地发挥其功能，不出故障，少出故障，即使出了故障也便于维修。

（4）实行设备全员管理

现代企业中，设备数量众多，型号规格复杂，并分散在企业生产、科研、管理等各个领域，如果单靠专业管理的机构与人员是难以管好的。因此，要把与设备有关的人员组织起来参加设备管理，使设备管理建立在群众基础上。

三、设备管理的任务

设备管理的任务是要为企业的生产提供良好的技术装备，使企业的生产建立在技术先进、经济合理的物质技术基础之上。即要求设备以最低的生命周期费用实现最适宜的选型、最适宜的组合、最适宜的维修、最适宜的操作、最适宜的革新改造、最适宜的报废期，保证企业生产经营目标的实现。

四、设备管理的意义

机器设备是工业企业进行生产的物质技术基础，是企业固定资产的主要组成部分。设备技术状态的好坏，运行费用的高低，对企业生产的正常运行、产品质量、生产效率和生产成本都有直接的影响。因此，管好、用好、维修好设备，并对现有设备适时进行革新、改造和更新，使企业的生产建立在先进的技术基础上，对促进企业生产力的发展和提高企业经济效益，都有重要意义。

第二节 设备的选择、更新和改造

一、设备的选择

设备的选择是设备管理的首要环节。它决定了设备的生产运行状况，也决定设备更新改造的状况。设备选择的目标是使所购买的设备在技术上先进、经济上合理、生产上适用。为了达到这一目标，购置设备时一般要进行定性的技术分析和定量的经济分析。

1. 生产性

生产性是指设备的生产效率，一般表现为设备功率、效率等指标，某些设备则以单位时间内产品的产量来表示，在其他条件相同时，应选择生产率高的设备。例如塔设备的分离和吸收效率，热交换器的传热速率等必须满足生产规模的要求。

2. 可靠性

可靠性是指设备性能或精度的保持性、零部件的耐用性、设备运行的稳定性。

3. 先进性

先进性是指设备对高新科学技术的应用程度，选择时要有一定的超前意识、尽量选技术先进的设备，以适应科技迅速发展及产品更新换代加快的形势需求。

4. 维修性

设备易于维修，结构简单、组织合理，零部件标准化、通用化程度高。

5. 环保性

环保性是指设备防止环境污染或保护环境的能力。也就是设备对化学废物、噪声、震动有控制能力，不产生二次污染。

6. 成套性

设备的配套程度高。设备的成套性要求单机、机组、项目配套。

7. 灵活性

设备具有灵活地适应不同工作条件、加工不同产品的能力。

8. 安全性

设备必须具有防止事故发生的能力，如安全报警、自动停车等功能。

二、设备的寿命和投资回收期

（一）设备的寿命

设备由投入生产起到报废为止，所经历的时间称为设备的寿命。化工设备的寿命取决于磨损速度。设备磨损分为有形磨损和无形磨损。

1. 有形磨损

有形磨损又称物质磨损或自然磨损，主要是由于零部件的摩擦，化学物质侵蚀、疲劳、变形等原因造成的磨损，它是由自然力的作用引起生锈，腐蚀、老化等原因造成的磨损。

（1）设备的有形磨损具体包括初期磨损阶段、正常磨损阶段、加剧磨损阶段三个阶段，如图 6-1 所示。

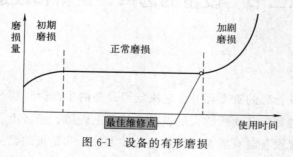

图 6-1　设备的有形磨损

（2）设备减少有形磨损的方法。

① 合理使用和经常维护设备，以延长零部件的正常磨损阶段。

② 加强对设备的检查，在零件尚未到达加剧磨损阶段时就进行修理。

③ 通过试验确定易损件在正常条件下的磨损率和使用期限，有计划地进行更换修理。

2. 无形磨损

无形磨损又分为技术磨损和经济磨损。

① 技术磨损是指由于科学技术的进步，制造出了结构更先进、技术更完善、生产效率更高的新设备，使原设备的价值降低。技术磨损决定的设备寿命称为设备的技术寿命。

② 经济磨损是指制造同类设备的劳动生产率提高，生产费用下降，使原有同种设备贬值。经济磨损决定的设备寿命称为设备的经济寿命。

（二）设备的投资回收期

设备对生产技术的适应性，最终要表现在企业经济效益的增长上，所以对设备进行经济性评价，是非常必要的。而在所有对于设备的经济性评价方法中，设备的投资回收期是其中最简单和实用的经济评价方法，其计算公式为

$$设备投资回收期/年 = \frac{设备总投资额/元}{采用该设备后年利润增长额/(元/年)}$$

三、设备更新

设备更新是以新的、效率更高的先进设备去替代那些物质上不能继续使用、经济上不宜继续使用、技术上落后的旧设备。

研究设备更新问题是为了追求技术进步，提高经济效益。因此为了使设备更新经济合理，既要考虑设备的自然寿命，又要考虑设备的技术寿命和经济寿命，从而确定设备的合理使用年限。

四、设备的技术改造

设备技术改造是利用先进的科学技术来提高原有设备的性能、效率。

设备技术改造包括两个方面：一是设备局部的技术更新；二是增加新的技术结构。局部技术更新是指采用先进技术改变现有设备的局部结构，而增加新的技术结构是指在原有设备的基础上增添新的部件、新的装置等。

设备技术改造的优点如下。

① 能尽快地把科学技术的最新成就变为直接生产力。

② 能根据企业的具体情况进行，可及时满足生产和工艺要求，促进生产力的发展。

③ 投资少，见效快。

因此，在资金比较缺乏，经济实力比较薄弱的情况下，设备改造是实现企业生产技术现代化的重要途径。

第三节　设备的使用、维护和检修

一、设备的使用

设备在使用过程中，由于受到各种力的作用和环境条件、使用方法、工作规范、工作持续时间长短等影响，其技术状态发生变化而逐渐降低工作能力。要控制这一时期的技术状态

变化，延缓设备工作能力下降的速度，除应创造适合设备工作的环境条件外，还要正确合理地使用设备。

1. 根据设备特点恰当安排任务

各种设备的结构、性能、精度、使用都各不相同，根据每种机器设备的技术条件来安排工作任务，才能保证机器设备正常运转，保证生产安全。

2. 为设备配备相适应的操作工人

为了充分发挥设备的性能，使机器设备在最佳状态下使用，必须配备与设备相适应的操作工人，具体要求如下。

① 要求操作工人熟悉并掌握设备的性能、结构、工艺加工范围和维护保养技术。

② 对上机新工人一定要进行技术考核，合格后方可允许其独立操作。

③ 对精密、复杂、稀有以及对生产具有关键性的设备，应指定具有专门技术的工人去操作。

④ 实行定人定机，凭操作证操作，操作工人必须真正做到"三好"（用好、管好、保养好）、"四会"（会使用、会保养、会检查、会排除一般故障）。

3. 为机器设备创造良好的工作环境

良好的工作条件，是保证设备正常运转，延长设备的使用期限，保证安全生产的重要前提。

4. 制订有关设备使用和维修方面的规章制度，建立健全设备使用制度

二、设备的维护和保养

设备的维护和保养是指对设备在运行过程中由于技术状态变化而引起的大量常见问题的及时处理。目前较多的企业实行"三级保养制"，即日常维护保养、一级保养和二级保养。三级保养的区别见表 6-1 所示。

表 6-1 三级保养的区别

保养级别	保养时间	保养内容	保养人员
日常维护保养	每天的例行保养	班前班后认真检查、擦拭设备各个部件和注油,发生故障及时予以排除,并做好交接班记录	操作工人
一级保养	4～8 小时	按计划对设备局部拆卸和检查,清洗规定的部位,疏通油路、管道,更换或清洗油线、毛毡、滤油器,调整设备各部位的配合间隙,紧固设备的各个部位	操作工人为主维修工人为辅
二级保养	7 天左右	对设备进行局部解体检查和修理,更换或修复磨损件,清洗、换油、检查修理电气部分	维修工人为主操作工人参加

三、设备的检修

1. 设备的检查

设备的检查是对设备运行情况、工作精度、磨损程度进行检查和校验。它具体分为以下两类。

（1）日常检查

是指在交接班时，操作工人进行的日常保养检查，以便及时发现异常的技术状况，进行

必要的维护和修理。

（2）定期检查

按照计划日程表，在操作工人的参与下，由专职维修人员定期进行检查，以便全面准确地掌握设备的技术状况，零部件磨损、老化的实际情况，确定是否有进行修理的必要。

设备检查的内容及方式：

① 听：齿轮、滚动轴承、连接处发出的声音；

② 摸：轴承、润滑、冷却系统的温升情况；

③ 看：给排料、负荷情况，油、水、气等渗漏情况；

④ 测：电流、温度、流量、压力情况；

⑤ 闻：是否有异味出现。

2. 设备的修理

设备修理就是设备技术状态劣化或发生故障后，为了恢复其功能和精度，采取更换或修复磨损、失效的零件，并对局部或整机检查、调整的技术活动。

对不同的企业，由于企业的规模、性质和设备数量及复杂程度不同，其修理制度也不一样。

（1）计划预防修理制

计划预防修理制简称为计划预修制，是为防止设备意外损坏，根据设备磨损的规律，有计划地对设备进行日常维护保养、检查、校正和修理，以保证设备经常处于良好状态的一种设备维修制度。

计划预修制的主要内容包括日常维护、定期检查、计划维修三部分内容，其中计划维修按照其对于设备性能恢复的程度和修理范围的大小，修理间隔期的长短，修理费用的多少等又可分为大修、中修和小修三类。

（2）计划保修制

计划保修制是在总结计划预修制的基础上建立的一种设备维修制度，它由一定类别的保养和一定类别的修理组成。它具体包括日常保养、一级保养、二级保养和计划大修。

四、设备的点检

设备的点检是指按照标准要求对设备的某些指定部位，通过人的感觉器官和检测仪器进行有无异状的检查，通常包括日常点检和定期点检两种。

第四节 工具管理

一、工具及工具的特点

1. 工具的定义

工具是指生产过程中所使用的工量器具。包括刃具、量具、磨具、模具、夹具、五金工具、电工工具等。

2. 工具的特点

① 工具只用来加工和测量产品，不构成产品的实体，其性质不同于原材料。

② 工具可以多次使用，在使用过程中逐步磨损。

③ 工具用于改变和测量工件的几何形状尺寸，不改变、不测量工件的化学性质和物理性能。

二、工具管理的内容

1. 明确管理职责

一般化工企业由机动科负责全厂工具的制造、采购、供应等业务，领导工具库，执行各项工具管理制度，对外购和自制工具统一验收、登记、保管、发放，掌握各类工具的使用、周转和储备情况，及时报告以便采购供应。

2. 工具的使用计划与生产、采购和验收

工具供应的主要依据是根据生产要求确定的工具明细表，工具的使用计划与生产、采购和验收等环节都必须要做好统一的明细表。

3. 工具的发放、领取和借用

工具库发放工具应凭车间开列的并经机动科审批的工具报领单，当面点清交齐。借用工具一律凭个人工具牌或填写借条方可借用，并定期归还，无正当理由逾期不还者，应批评或赔偿。

4. 工具的保管、报废、修理和调拨

工具必须精心保管，防止缺损、锈蚀、变形和变质。

三、工具管理的任务

工具管理的任务是保证及时地供应优质、高效的工具，合理地组织工具的保管和使用，不断降低工具的使用费用，在保证生产正常进行的情况下，逐步降低工具消耗和储备量，实现以较少工具消耗，取得较大的生产效益的目标。

 练习题

一、思考题

1. 如何选择设备？

2. 如何正确合理地使用设备？

3. 设备三级保养的具体内容是什么？

4. 为什么要定期对化工设备进行维护和检修？

5. 在化工设备维护和检修的过程中应该注意的问题有哪些？

6. 工具管理的内容有哪些？

7. 某化工厂自建厂以来，在全厂领导和职工的积极努力下，该厂年利润一直维持在 500 万元（人民币）左右，前年该厂花费 2500 万元（人民币）从德国引进了一批新的生产设备，使得该厂的生产总值和利润得以大幅度提高，去年该厂的利润达到了 1000 万元（人民币），试分析该厂购置的这批新设备的设备投资回收期是多少年？

二、案例分析

化肥厂合成车间锅炉给水泵跳车事故

某公司有两台合成氨装置锅炉给水泵（104J/JA），均为 7 级卧式离心泵，其具体参数如下。

型号：DG280-100 * 12

生产厂家：美国 PACIFIC 公司

轴端密封：机械密封

介质：清水

温度：117.2℃

流量：280 立方米/小时

扬程：1200 米

泵转速：3430 转/分钟

104J 由凝汽式汽轮机（104JT）驱动，104JA 由背压式汽轮机（104JAT）驱动。其作用是将来自脱氧槽（101U）的合格脱氧水送入汽包（101F）作为锅炉给水。

2021 年 12 月 13 日 0 点 58 分，锅炉给水泵（104JA）驱动汽轮机（104JAT）因调速器杠杆销子断而跳车，泵出口单向阀不复位，液体倒流，造成泵反转，使汽轮机径向轴瓦烧毁。由于 104JA 反转，104J 虽然运转也无法保证汽包（101F）液位，装置被迫紧急停车。再恢复开车时，发现原料气压缩机高压缸（102JHP）憋压，立即对 102JHP 抢修。解体检查发现 102JHP 末级流道侧板凸台从侧板上整体脱落，侧板失去定位支持，堵塞流道。

试论述造成事故的原因及预防措施。

 知识拓展

长庆油田采油五厂提升设备管理水平夯实发展"机"础

设备安全、高效、平稳运行是油田高质量发展的保障。2023 年，针对设备数量多、种类杂、管理难度大等实际问题，长庆油田采油五厂持续推进"精益管理、风险防控、提质增效、数智赋能、绿色低碳、守正创新"六大工程，按照厂部整体安排部署，坚持目标引领、问题导向，为该厂高质量发展及各项业绩指标完成提供精益的管理和精良的设备。

1. 夯实基础，确保设备"满格"上岗

设备的完好运行是生产安全平稳高效的基础保障。该厂紧盯设备管理"精益化"要求，重点从制度修订、管理提升、调研检查、隐患治理等方面开展设备管理提升工作，确保每一台设备都能够"满格"上岗。

为了确保设备管理有章可循、依法合规，由生产运行部牵头，对全厂设备运行现状和管理制度进行了全面梳理，2003 年上半年深入场站调研站点 163 座，排查各类设备 1000 余台，形成设备疑难问题清单 43 项，并针对性编制了治理方案对策，分阶段、多渠道予以解决。同时，该厂还在充分调研、详细论证、系统梳理的基础上，重点针对抽油机等 49 项主要设备的操作与保养规程进行了修订完善。

为了确保设备本质安全，该厂以加大生产现场设备隐患治理为抓手，在全厂范围内开展梁式抽油机风险辨识与防范专项行动，通过举办抽油机管理专项培训班，累计培训两级干部、巡井工、中心站检维修人员共计 1718 人，并制作 36 套抽油机电机拆装工具配发至各中心站，对各作业区执行抽油机巡回检查及拆装检维修工作范围界定进行明确要求，进一步提高了岗位员工风险辨识能力和操作技能水平，有力保证了设备运行和员工人身安全。同时，由生产运行部牵头，对全厂 158 座站点防爆电气开展全面的隐患排查治理，对特种设备按照检验时限要求进行年度检查和定期检验，并对 141 台加热炉氮氧化物排放超标进行治理，有效削减设备运行隐患，确保设备本质安全及环保达标。

为了进一步提升生产现场的设备管理水平，该厂开展了"设备管理现场提升"活动，针对现场存在的设备"低、老、坏"，抽油机、防爆电气等问题，开展大排查、大整改。

2. 精益管理，推动设备提质增效

高质量发展是永恒的主题，提质增效是不变的追求。该厂坚持把提质增效作为高质量发展长期战略举措，在设备管理工作中注重统筹协调，通过控制新增设备投入、优化设备配置、开展设备再制造及修旧利废等多种途径，不断提升资源配置水平，发挥设备最大效能。

2023年，长庆油田采油五厂共有各类闲置、停用设备共计300余台，主要为四大件不齐全的抽油机、封停井，报废的加热炉、多级离心泵、柴油机等，停放在相应作业区的废旧井场、料库。为了追求设备综合效能最优化，长庆油田采油五厂积极控制增量、盘活存量，每季度对全厂闲置、停用设备进行调查，并在设备网页公布更新，通过加强设备调剂和调拨管理，盘活存量设备资产，对于利用率不高或是参数不适合工况需求的设备，在内部及时进行调剂使用，确保以最小的投入满足生产需要，使原来的部分闲置设备和低效设备成为高效或创效设备。设备在使用过程中无法避免磨损或者损坏，在设备性能已经无法满足日常生产的需要时，为了节约资源，该厂全面推进再制造及利旧工作，让老旧设备焕发"青春活力"，重点对全厂233台低效机泵、抽油机电机、注输泵电机进行技术提效改造，全年预计创效340余万元。同时积极开展抽油机减速器润滑剂过滤再生、减速器密封堵漏治理工作，上半年累计实施586台，近3年累计实施4297台，节约润滑剂采购费用约650万元，减速器故障率同比降低20%左右。据统计，1~6月份，全厂累计完成再制造效益指标1959.17万元，完成公司下达总体指标的50.52%。

3. 创新引领，提高生产运行效能

近年来，长庆油田采油五厂一直致力于提高伴生气利用率，在调研中技术人员发现，许多井口都有零散伴生气产生而未被利用，存在着资源浪费、安全环保隐患等诸多问题。为此，该厂生产运行部联合专业公司开展攻关，成功研发了压缩式井口集气装置，并在全厂范围内推广使用，该装置通过压缩气缸对井口伴生气进行收集并输送至下游站点，以实现伴生气的回收再利用。

除此之外的新设备、新技术应用也成果丰硕。推广应用的往复式油气混输装置让站点原油经总机关直接进泵外输至下游站点，真正实现密闭集输，对比常规增压站占地面积减少60%，节省投资约80%，年节约运行成本70万元以上。卧式螺杆增压注水装置的推广应用，对比柱塞泵、离心泵，故障率下降90%，免维护周期可延长6个月，智能化程度高，能够实现数字化远程启停，便于监控管理，且维护简单，年运行费用较离心增压节约5万元以上，较柱塞增压节约近2万元。

第七章　化工企业安全管理与环境保护

　　化工生产通常是在高温、高压下进行的，化工企业的安全管理就显得更为重要。一旦发生化工产品泄漏或爆炸事故，不但导致生产停顿、设备损坏，有时还会造成人员伤亡，产生无法估量的损失和难以挽回的影响。另外，化工生产中，由于生产条件、生产技术与原材料的纯度等原因，使得化工生产经常伴随着污染物的产生，这不仅危害到生产工人的健康，而且对周围的环境也造成了很大的影响，鉴于此，做好化工企业安全与环境管理已成为很多企业管理的重中之重。

通过本章学习，你将能够：
1. 了解化工企业安全管理的概念、基本原则；了解化工事故的分类；了解化工污染的途径。
2. 掌握安全管理的基本思想；掌握安全管理的基本措施；掌握化工企业安全检查的形式；掌握环境保护和劳动保护的方法；掌握治理环境污染的具体措施；掌握安全教育的形式。

📖 案例导入

　　2020 年 5 月 7 日，在印度南部的安德拉邦维沙卡帕特南市，一家韩国 LG 公司所投资的化工厂，在当地时间早上三点左右，发生了有毒苯乙烯气体泄漏的重大事故。有毒气体的扩散至少蔓延到半径 3 公里的 20 个村庄，在事故中至少有 5000 多人中毒，11 人死亡，调查显示，这些泄漏的苯乙烯毒气来自两个高达 5000 吨的储气罐，这些储气罐在泄漏之前的 40 多天里一直无人管理。

　　对于上述案例，你有何看法？

第一节　化工企业安全管理

一、化工企业安全管理的重要性

安全管理是指采用各种组织措施和技术来保障职工的身体安全和健康，保障国家或人民财产不受损失。安全管理具有重要意义，主要体现在以下几个方面。

1. 安全管理是化工生产的前提

由于化工生产的特殊性，在管理或生产中稍有不慎，就可能发生火灾、爆炸、中毒或灼伤等事故，影响生产的正常进行，轻则影响到产品的质量、产量和成本，造成生产环境的恶化；重则造成人员伤亡和巨大的经济损失，甚至毁灭整个工厂。

2. 安全管理是保证企业经济效益的关键

高度发达的化工企业一旦发生事故，往往会给企业乃至社会造成极大损失。如果发生事故，企业除了蒙受直接的经济损失外，还要承担因不能按时、按质、按量完成与用户签订的合同所造成的经济损失，甚至受到处分。

3. 安全管理是保护人身安全的需要

职工的安全与健康是涉及家庭幸福、企业兴旺、社会安定、国家繁荣的大事。只有抓好安全管理，职工的安全和健康才有保障。

二、安全管理的基本原则

1. 生产必须安全

生产的目的是创造社会财富，提高人们的生活水平。如果生产不安全，则会造成财产的损失，会让人付出健康甚至生命的代价，这就从根本上违背了生产的目的，因此必须树立"安全第一、安全为天"的思想。

2. 安全生产，人人有责

现代化大生产工艺复杂，操作要求严格，安全生产是一项综合性的工作。领导者的指挥、决策稍有失误，操作人员在工作中稍有失误，检修和检验人员稍有不慎，都可能酿成重大事故。所以，必须强调"安全生产，人人有责"这一原则。

3. 安全生产重在预防

安全生产应该"重在预防"，变被动为主动，变事后处理为事前预防，把事故消灭在萌芽状态。

三、安全管理的基本思想

化工企业安全生产管理工作涉及面广，不仅有设备问题、工艺问题，而且还涉及操作方法与操作环境等问题。因此，安全生产管理要从企业的整体出发，各部门、各环节相互配合，实行全过程、全员和全部工作的安全管理，简称"三全"管理。

1. 全员参加的管理

安全管理要调动全体员工参与管理，充分调动广大员工的安全生产积极性。让每一个员工都做到人人都是管理者，人人都是被管理者。

2. 全过程管理

一个新项目从规划、设计开始，就要对安全问题进行控制，并且要贯穿于整个项目寿命期间，直到报废淘汰，全过程都要进行安全管理。

3. 全部工作的管理

任何有生产劳动的地方都有安全问题，因此在任何场合都要对工艺设备等进行全面分析、全面诊断、全面预防、在任何时候都要考虑安全问题，进行安全生产管理。

四、安全管理的内容

1. 安全管理制度

安全管理制度主要包括：预防性制度（如安全教育制度，安全责任制度及安全规程等）；安全状况及安全检查制度；事故处理、避险、救护制度三项内容。

2. 生产过程

生产过程的安全管理主要包括生产过程、检修过程、施工过程以及设备使用等安全保证问题。

3. 安全事故发生预警机制

通过分析发现和掌握安全生产的个别规律及倾向，做出预测，及时预警，消除隐患。

五、化工事故的分类

1. 按事故性质分类

化工企业安全事故根据其发生的原因和性质，一般可以分为设备事故、交通事故、火灾事故、爆炸事故、工伤事故、质量事故、生产事故、自然事故和破坏事故九类。

① 设备事故：动力机械、电气及仪表、运输设备、管道、建筑物等，由于各种原因造成损坏、损失或减产的事故。

② 交通事故：由于责任心不强、操作不当造成车辆损坏、人员伤亡或财产损失的事故。

③ 火灾事故：着火后造成人员伤亡或较大财产损失的事故。

④ 爆炸事故：由于发生化学性或物理性爆炸，造成财产损失或人员伤亡及停产的事故。

⑤ 工伤事故：生产过程中造成职工突然受伤，以致受伤人员立即中断工作，经医务部门诊断，需休息一个工作日以上的事故。

⑥ 质量事故：生产产品不符合产品质量标准，工程项目不符合质量验收要求，机电设备不合乎检修质量标准，原材料不符合要求规格，影响了生产或检修计划的事故。

⑦ 生产事故：生产过程中，由于违章操作或操作不当、指挥失误，造成损失或停产的事故。

⑧ 自然事故：受不可抗拒的外界影响而发生的灾害性事故，如地震、泥石流等。

⑨ 破坏事故：因人为破坏造成的人员伤亡、设备损坏的事故。

2. 按事故后果分类

根据经济损失大小、停产时间长短、人身伤害程度，可将事故分为以下四类。

① 一般事故：指造成 3 人以下死亡，或者 10 人以下重伤（包括急性工业中毒），或者 1000 万元以下直接经济损失的事故。

② 较大事故：指造成 3 人以上 10 人以下死亡，或者 10 人以上 50 人以下重伤（包括急性工业中毒），或者 1000 万元以上 5000 万元以下直接经济损失的事故。

③ 重大事故：指造成 10 人以上 30 人以下死亡，或者 50 人以上 100 人以下重伤（包括急性工业中毒），或者 5000 万元以上 1 亿元以下直接经济损失的事故。

④ 特别重大事故：指造成 30 人以上死亡，或者 100 人以上重伤（包括急性工业中毒），

或者 1 亿元以上直接经济损失的事故。

第二节　化工企业安全管理的主要措施

一、建立化工企业安全管理体系

1. 化工企业安全管理体系的含义

化工企业安全管理体系就是将组织实施安全生产管理的组织机构及其职责、做法、程序、责任制等要素，通过先进、科学、系统的运行模式有机融合在一起，形成的动态管理体系。

2. 建立化工企业安全管理体系的目的

① 从要我安全转变为我要安全。

② 从事后控制转变为事前预防。

③ 从只注重生产过程的安全生产管理转变为企业全方位的安全管理。

④ 从把安全生产作为企业一项具体工作转变为企业文化建设和管理体系建设的重要组成部分。

二、建立健全化工企业安全管理规章制度

安全工作有赖于运用各类安全标准进行管理。化工企业的安全管理规章制度既是化工企业自身安全生产的规范，又是安全生产管理的依据，因此化工企业的安全管理规章制度要能够反映化工企业安全生产实际，要有科学性、可控性和可操作性。化工企业的安全管理规章制度具体包括安全教育制度、风险管理制度、隐患排查制度、安全例会制度、应急管理制度、事故管理制度、现场管理制度、绩效考核制度、文件管理制度九项内容。

三、贯彻执行化工企业安全管理责任制

根据国家颁布的有关规定，结合本单位的生产特点，建立安全网络和安全生产责任制，并自觉、严格地执行各项规定，做到安全工作有制度、有措施、有布置、有检查，各有职守、责任分明。严格执行岗位责任制、巡回检查制和交接班制，具体如下。

① 坚守岗位，精心操作，服从调度，听从指挥。

② 加强设备的保养维修。

③ 严防盲目操作或违章蛮干。

④ 正确使用和保管各种劳动保护用品和器具。

⑤ 认真履行安全职责，严格遵守各项安全生产规章制度。

四、化工企业安全检查

1. 安全检查的含义

安全检查是发现和消除事故隐患，贯彻落实安全措施，预防事故发生的重要手段，是全

方位做好安全工作的有效形式。

2. 安全检查的内容

① 查领导、查思想。

② 查现场、查隐患。

③ 查管理、查制度、查整改。

第三节　化工企业环境保护

一、环境保护的意义

加强环境保护，有利于促进经济结构调整和增长方式的转变，实现更好更快的发展；有利于带动环保和相关产业发展，培育新的经济增长点和增加就业；有利于提高全社会的环保意识和道德素质，促进社会主义精神文明建设；有利于保障人民群众身体健康，提高生活质量和延长人均寿命；有利于维护中华民族的长远利益，为子孙后代留下良好的生存和发展空间。

二、化工行业主要污染物及其特点

1. 化工行业主要污染物

① 废气：包括烟尘、黑烟、臭味气体、刺激性气体、有毒气体、放射性气体等。

② 废水：包括含有机物废水、含无机物废水、含有毒物废水、含悬浮物废水、含热能废水、有色且带有臭味的废水等。

③ 废渣：包括矿冶废渣、工业垃圾、生活垃圾等。

2. 化工行业污染物的特点

① 污染物的种类繁多，气体、液体、固体三者都有。

② 污染范围大。

③ 污染物毒性大，并多数具有远期作用。

④ 排污量大，成分复杂。

三、污染的途径

化工污染物虽然大多数都是在生产过程中产生的，但其污染环境的途径却是多种多样的。主要有以下几个方面。

1. 工艺过程排放

化工生产中，有些化学反应过程需加入惰性气体、催化剂等，这些不参与反应的物料不能全部被使用，因此常作为废料排出。如催化剂再生过程中排出的含有金属催化剂的废渣、废水，产品干燥过程带出的粉尘等，都是化工工艺过程中排出的污染物。

2. 设备、管道泄漏

化工生产和输送的各个环节中，由于设备和管道密封不良，操作不当等原因，往往造成物料泄漏，尤其是泵、压缩机和阀门等运转设备和活动部件，更易造成泄漏。

3. 成品中夹带

有些化工产品，如农药、化肥、洗涤剂等，本身就含有毒成分，在使用过程中会产生有害作用，将污染物带入环境。

四、污染的控制

加强环境保护，制止环境污染，必须从思想观念和行动上摒弃传统的"先污染、后治理"的方法，加强从源头上对污染进行防治，具体方法如下：

① 尽可能地利用清洁能源代替煤、石油等污染性强的能源。

② 改革工艺流程，选择最佳的工艺条件，采用无污染或污染小的生产工艺。

③ 加强对设备的更新和保养，防止设备和管路泄漏。

④ 在产品性能基本相同的情况下，尽量选用无毒无害的产品替代有毒有害的产品。

⑤ 实现闭路循环。

⑥ 做好污染物的回收和综合利用。

⑦ 严格执行污染物排放控制标准。

五、污染的治理

1. 废水的处理

废水的处理就是用多种方法将废水所含有的污染物质分离出来，或将其转化为无害物质，使废水得到净化。废水处理的方法主要有物理法、化学法、生物法。

2. 废气的处理

废气的处理主要采用吸收净化技术、选择催化还原、物理吸收、生物脱臭等方法。

3. 废渣的处理

废渣的处理主要采用焚烧、固化、填埋等方法，但在对其处理前一般采用预处理。

六、环境管理体系——ISO 14000

ISO 14000 是环境管理的世界标准，是企业形象的标志之一，是企业提高产品竞争力的重要条件。

企业操作实施 ISO 14000 的过程通常分为体系建立、体系实施和体系审核三个阶段。

第四节　化工企业安全教育与劳动保护

一、化工企业安全教育的意义

① 安全教育是贯彻"安全第一、预防为主、综合治理"安全生产方针，实现安全生产、文明生产，提高员工安全意识和安全素质，预防产生不安全行为，减少人为失误的重要途径。

② 安全教育是强化安全意识，防范安全事故，减轻职业危害，保护员工的身心健康，增强安全操作技能，规范员工安全行为，保障人民群众生命安全的重要保证。

③ 安全教育是落实科学发展观，实现科学、持续、有效、又好又快、协调发展的必然要求和重要保证。

④ 安全教育是企业履行经济、政治和社会责任，增强市场竞争力的重要基础。

二、化工企业安全教育的内容

1. 思想教育
思想教育是安全培训教育的一项基本内容，是加强企业安全管理的一个重要环节。

2. 劳动保护方针政策教育
劳动保护方针政策教育是安全培训教育的一项重要内容，包括对各级领导和广大职工进行国家和政府的安全生产方针、劳动保护政策法规的宣传教育。

3. 安全科学技术知识教育
安全科学技术知识教育是安全培训教育的一项主要内容，包括一般安全技术知识、专业安全技术知识和安全工程科学技术知识的教育等内容。

三、化工企业安全教育的形式

① 企业安全教育。企业安全教育也就是我们常说的"三级"安全教育，它是我国化工企业安全培训教育的主要形式，具体分为厂级、车间级、工段或班组级三个层次。

② 学校安全教育。学校安全教育是指学生或工人在化工类院校上学时，教师通过书籍、多媒体等手段向学生传授的未来工作岗位上的安全知识。

③ 社会安全教育。社会安全教育是指社会有关组织机构运用报纸、杂志、广播、电视、电影、互联网等多种媒体进行安全教育的形式。

④ 特殊工种的专门安全教育。

四、劳动保护

1. 劳动保护的概念
劳动保护就是为了在生产过程中保护劳动者的安全与健康，改善劳动条件，预防和消除工伤事故和职业病，实现劳逸结合而进行的工作和采取的措施。

2. 劳动保护的任务
劳动保护就是要保护劳动者在生产中的安全与健康，保证企业生产活动的顺利进行。它具体包括以下几个方面。

① 防止工伤事故和职业病的发生。

② 合理确定劳动者的工作时间和休息时间，实现劳逸结合。

③ 对女职工实行特殊的劳动保护。

④ 采取各种安全措施加强环境监督，防止环境污染，健全劳动保护制度。

3. 劳动保护的内容
劳动保护具体包括安全技术、劳动卫生、环境保护、劳动保护制度四项内容。

练习题

一、思考题

1. 化工企业安全管理的原则是什么？
2. 安全管理的基本思想包括哪些内容？
3. 安全检查在生产过程中的地位如何？
4. 化工企业安全检查的形式有哪些？
5. 治理环境污染的具体措施有哪些？
6. 安全教育的形式有哪些？

二、案例分析

某年8月6日18时，驾驶员甲驾驶装满液氯的槽罐车驶入某高速公路B56段，当日20时许，槽罐车与驾驶员乙驾驶的货车相撞，导致槽罐车破裂，液氯泄漏造成除驾驶员甲之外的两车其他人员死亡。撞车事故发生后，驾驶员甲不顾槽罐车严重损坏，液氯已开始外泄的危险情况，没有报警也没有采取措施，就迅速逃离事故现场，由于延误了最佳应急救援时机，泄漏的液氯迅速汽化扩散，形成了大范围污染，造成了该高速公路B56段附近村民30人中毒死亡，285人住院治疗，近万人紧急疏散，8月7日凌晨2时，应急人员赶到事故现场，组织村民紧急疏散和氯气污染区伤亡人员的搜救，并对现场进行了紧急处置。

1. 导致事故的直接原因是（　　　）。

A. 槽车与货车相撞，槽罐车破裂，液氯泄漏　　　B. 槽车设计不合理

C. 驾驶员的教育培训不够　　　　　　　　　　D. 村民对液氯的危害认识不够

2. 根据《特别重大事故调查程序暂行规定》，该事故的严重程度属于（　　　）。

A. 特别重大事故　　B. 重大死亡事故　　　C. 重伤事故　　　D. 一般事故

3. 液氯发生泄漏时，人员应往哪个方向跑？（　　　）。

A. 往上风向跑　　　　　　　　　　　　　　B. 往下风向跑

C. 往高处跑　　　　　　　　　　　　　　　D. 往低处跑

4. 请简答，针对这一事件，我们从中吸取了什么教训？

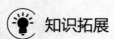 **知识拓展**

中国绿色发展应遵循的路径

1. 要以理念创新为先导

我们要认识到世界经济和人类社会发展在经历了工业化、信息化之后，正在迈向数字化和绿色化，正在加快实现从化石燃料为特征的工业文明转向绿色生态文明的大跨越，这是人类社会必须迈出的重大一步，这一步势必要改变工业发展的传统模式，使工业生产不再单纯地追求规模扩张，而是更加注重发展的质量。

2. 技术创新是关键

绿色的技术涉及很多学科，不仅包括新兴学科，而且要涉及物理、化学、工程等传统学科，是人类知识体系的绿色化集成。绿色技术研发投入大，需要政府加强规划，为企业和科研院所提供更好的技术和资金支持。另外，制度创新是保障，要保障绿色技术与传统技术获得公平竞争的市场环境，强化环境保护和生态文明建设的法治化导向。

3. 要实现绿色化和数字化的深度融合

比如，依托云服务的低碳功能，重构用户和供应链体系；将企业的基础架构和应用程序迁移到云服务中，以提高效能，并减少环境影响；开发云服务强大的生态系统，利用数字工具实现碳排放的量化分解。同时，要让数字产品赋能交通工具，打造智能化的绿色出行，开发数字地图，以更好地监测地球资源的变化，取得综合性的碳中和的数据，并以此作为分析决策的基础。在建筑领域，要设置一些建筑排放的检测器，用数字技术来推动绿色建筑的构建和传统建筑的减排工作。现在使用社交平台的人越来越多了，在社交平台上倡导绿色低碳生活，推广普及绿色消费理念是一个重要的机制，要将其充分开发好、利用好。

4. 要抓住制度创新重点

在构建面向高质量发展的绿色低碳政策体系中，有九个方面需要格外重视。

① 要加快关键绿色低碳技术的研发，实现技术的群体性突破。

② 要深入推进结构性调整，加大绿色投资力度，构建绿色产业体系。

③ 要完善绿色制造的技术标准和管理规范。

④ 要引导金融机构加大对绿色发展的信贷支持。

⑤ 要打造绿色物流和绿色供应链体系。

⑥ 要启动政府的绿色采购工程，引导绿色消费行为。

⑦ 要充分发挥行业协会的作用，促进企业的零碳管理创新。

⑧ 要加强人才培养体系的建设，为绿色发展提供人才保障。高校未来应该加快开展面向碳中和的绿色发展的学科建设的探讨，设置一些相关专业，比如碳的测算和分析、绿色物流、绿色设计等。同时，企业也要加快对在职员工的再培训，树立碳中和的理念，明确绿色发展的目标方向，把绿色发展理念贯穿到生产销售的各个环节和过程中。

⑨ 要凝聚共识，创造开展国际交流和合作的条件。在大国竞争全面升级的情况下，很多领域的国际交流都面临空间、机会、渠道被挤压和中断的局面，相对而言，在应对气候变化、实现碳中和目标、推动绿色发展、实行节能减排等相关领域中。

第八章　化工企业职业卫生管理

员工的健康是企业可持续发展的基石，遵循科学、全面、预防为主的原则，依法依规确保职工的职业病防护措施和职业卫生条件的落实，创造安全、卫生、舒适、高效的作业条件，减少化工生产工作过程、工作组织和工作环境对从业人员健康的影响，进而达到保护劳动者身心健康、促进国民经济和社会发展的目的。

> **通过本章学习，你将能够：**
>
> 1. 了解职业卫生管理的任务；了解职业卫生重点监督检查的内容；了解职业病的含义；了解化工企业职业病危害因素及其对健康的影响；了解职业卫生工程控制措施的含义；了解化工企业个人职业病防护用品管理的内容。
>
> 2. 掌握职业卫生管理应遵循的原则；掌握职业危害的三级预防措施；掌握职业危害的控制措施；掌握劳动过程中的防护与管理措施。
>
> 3. 学会化工企业职业卫生工程控制的方法；学会化工企业职业危害应急处置的方法。

📖 案例导入

美国政府职业安全与健康管理局（osha）调查发现，2021 年 7 月 2 日，三名操作员接触了"有毒氟碳化合物和其他危险化学品"，导致呼吸衰竭。其中，一人于 8 月 10 日死亡，一人于 9 月 28 日死亡，一人在接受治疗一周后出院。

osha 证实，化学品接触是在工人进行维护活动时发生的，这些维护活动需要加工线路中断、氮气吹扫和设备的大气排放，导致有毒的氟碳化合物和其他危险化学品的释放。

调查显示，大金未能确保工人使用适当的个人防护设备，忽视开展关键的空气监测活动以评估化学品暴露情况，并且也未能向工人传达与化学品相关的危害。

osha 提议对与该事件相关的九项严重违规行为处以超过 23 万美元的罚款。

对 osha 的结论，大金公司表示强烈反对，认为他们是错误的。

就此，请谈一下你自己的看法。

第一节　职业卫生管理的基本要求

职业卫生管理是化工企业管理的重要组成部分，是保障企业员工身心健康和安全的重要工作，对于提高企业的生产效率有着重要的意义。重视职业卫生教育，加强职业卫生的法规和标准，建立职业卫生管理体系，采取预防控制措施，是化工企业实现可持续发展的有效途径。

一、职业卫生管理的任务

职业卫生管理工作按照"预防为主、分类管理、防治结合、综合治理"的原则，采取有效措施，消除或减少有害因素，保障员工的身心健康，具体包括三个方面的工作任务。

1. 建立完善的职业卫生管理制度

企业应建立完善的职业卫生管理制度，明确各级管理人员和员工的工作职责，制定相应的操作规程和应急预案，加强应急演练，确保在发生职业卫生事件时能够及时、有效地应对。

2. 加强企业员工的职业卫生教育和培训

通过开展职业卫生思想认识教育、安全技术知识教育、劳动纪律教育，使员工了解职业卫生知识和防护技能，增强自我保护意识。

3. 加强职业危害的监督与管理

（1）职业性有害因素监测与管理

制订职业性有害因素监测方案，开展职业性有害因素监测工作，统计分析相关数据，并根据结果制定相应措施。

（2）接触有害因素作业员工健康监护

通过健康检查和相关资料的收集，连续性地监测员工的健康状况，分析员工健康变化与所接触的职业危害因素的关系，以便及时采取干预措施，保护员工健康。

（3）员工个人防护用品的管理

为企业员工提供符合国家或行业标准的个人防护用品，并加强对员工使用防护用品的监督与指导。

二、职业卫生监督管理

职业卫生监督管理是安全生产监管部门强化和预防企业员工职业性危害的一项重要工作，是督促企业落实各项职业卫生法律法规、降低职业危害程度、减少职业病发病率的有效手段。依据《工作场所职业卫生监督管理规定》（国家卫生健康委员会令第 5 号），安全生产监督管理部门应当依法对用人单位执行有关职业病防治的法律、法规、规章和国家职业卫生标准的情况进行监督检查，重点监督检查下列内容。

① 设置或者指定职业卫生管理机构或者组织，配备专职或者兼职的职业卫生管理人员情况。

② 职业卫生管理制度和操作规程的建立、落实及公布情况。

③ 主要负责人、职业卫生管理人员和职业病危害严重的工作岗位劳动者的职业卫生培训情况。

④ 建设项目职业病防护设施"三同时"制度落实情况，即建设项目职业病防护设施必须与主体工程同时设计、同时施工、同时投入生产和使用制度的落实情况。

⑤ 工作场所职业病危害项目申报情况。

⑥ 工作场所职业病危害因素监测、检测、评价及结果报告和公布情况。

⑦ 职业病防护设施、应急救援设施的配置、维护、保养情况以及职业病防护用品的发放、管理及劳动者佩戴使用情况。

⑧ 职业病危害因素及危害后果警示、告知情况。

⑨ 劳动者职业健康监护、放射工作人员个人剂量监测情况。

⑩ 职业病危害事故报告情况。

⑪ 提供劳动者健康损害与职业史、职业病危害接触关系等相关资料的情况。

⑫ 依法应当监督检查的其他情况。

三、职业危害的预防与控制

职业危害是企业员工在生产劳动过程中所发生的对人身的威胁和伤害，职业危害主要包括职业意外事故和职业病。粉尘、化学因素、物理因素、放射性因素、生物因素等职业危害因素是造成职业病的诱因。本章涉及的职业危害主要是指职业病的危害。

1. 职业病

职业病是指企业、事业单位和个体经济组织等用人单位的劳动者在职业活动中，因接触粉尘、放射性物质和其他有毒、有害物质等因素而引起的疾病。职业病不仅影响员工的身心健康和生命安全，而且严重阻碍经济的发展、社会的稳定。

2013 年，国家卫生计生委、人力资源社会保障部、安全监管总局、全国总工会四部门联合发布的《职业病分类和目录》，将职业病分为 10 大类 132 种。这些病症涉及呼吸系统、皮肤、眼睛、耳鼻喉口腔等，对员工的生命健康有着极大危害。

我国不断完善职业病防治法律法规和监管体制机制，推动职业病危害专项治理，提升技术服务和支撑保障能力，加强职业病及危害因素风险监测，全面开展职业健康保护行动。2022 年，全国报告新发职业病病例 11108 例，比 2017 年下降 58%，尘肺病等得到初步遏制。图 8-1 为 2017—2022 年全国各类职业病新病例数量及增速。

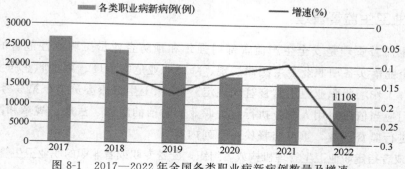

图 8-1　2017—2022 年全国各类职业病新病例数量及增速

2. 职业危害的预防

化工企业职业危害的防治工作，应坚持预防为主、防治结合的方针，建立用人单位负责、行政机关监督、行业自律、员工参与和社会监督的机制，按照三级预防措施加以控制，以保护和促进企业员工的健康。

第一级预防又称病因预防，是从根本上消除或控制职业性有害因素对人的作用和损害，即改进生产工艺和生产设备，合理利用防护设施及个人防护用品，以减少或消除企业员工接触的机会。

第二级预防是早期检测和诊断人体受到的职业性有害因素所致的健康损害。

第三级预防是指在患病以后，给予积极治疗和促进康复的措施。

3. 职业危害的控制

职业危害因素的控制旨在从根本上消除和控制职业病危害的发生，达到"本质安全"的目的，因此必须采取各种有效措施，保证目标的实现。

职业病危害因素的控制应采取的综合措施如下。

（1）建立健全职业卫生管理制度

根据《中华人民共和国职业病防治法》等法律以及行政法规，结合企业自身情况制定职业卫生管理制度和管理规程，实行监督管理，以保证控制措施的建立和实施。

（2）控制职业危害因素源头

在新、改、扩建和技术引进以及技术改造的建设项目中，必须将控制职业病危害因素的措施列入建设规划，并从源头上予以杜绝。

（3）清洁生产

采取有效的工艺技术措施，将有害因素尽可能消除和控制在工艺流程和生产设备中，减少流入或释放到环境中的任何有害物质。

（4）加强劳动防护的监督与管理

对目前技术和经济条件尚不能完全控制的职业危害，要采取有针对性的卫生保健和个人防护措施，制定各项安全操作规程和职业安全卫生管理制度，加强安全卫生教育。

（5）严格控制有毒原辅材料的管理

生产中使用的有毒原辅材料，应按照规定申报、登记、注册，详细记录该物质的标识、性质、危害、防护措施、急救预案等。

四、劳动过程中的防护与管理

劳动过程中的防护与管理主要包括劳动过程中所涉及的材料和工艺设备、职业病防护设施与应急救援设施、个体防护用品、职业卫生培训、职业病危害告知与警示标识等方面的管理。

1. 材料和工艺设备的管理

积极研制、开发、推广、应用有利于职业病防治和保护劳动者健康的新技术、新工艺、新设备、新材料，加强对职业病的机制和发生规律的基础研究，提高职业病防治科学技术水平；积极采用有效的职业病防治技术、工艺、设备和材料；限制使用或者淘汰职业病危害严重的技术、工艺、设备和材料。

2. 职业危害防护设施管理

职业危害防护设施是以预防、消除或者降低工作场所的职业病危害，减少职业病危害因素对劳动者健康的损害或影响，达到保护劳动者健康目的的装置。应根据工艺特点、生产条件和工作场所存在的职业病危害因素性质，选择相应的职业病防护设施。

3. 个体防护用品管理

用人单位必须为劳动者提供符合防治职业病要求的个体防护用品，并督促、指导劳动者按照使用规则正确佩戴和使用。不得发放钱物替代发放职业病防护用品，并对职业病防护用品进行经常性的维护和保养，确保防护用品有效；不得使用不符合国家职业卫生标准或者已经失效的职业病防护用品。

4. 职业卫生培训管理

用人单位的主要负责人和职业卫生管理人员应当接受职业卫生培训，遵守职业病防治法律法规，依法组织本单位的职业病防治工作。用人单位应当对劳动者进行上岗前的职业卫生培训和在岗期间的定期职业卫生培训，普及职业卫生知识，督促劳动者遵守职业病防治法律、法规、规章和操作规程，指导劳动者正确使用职业病防护设备和防护用品。劳动者应当学习和掌握相关的职业卫生知识，增强职业病防范意识，遵守职业病防治法律、法规、规章和操作规程，正确使用、维护职业病防护设备和个人使用的职业病防护用品，发现职业病危害事故隐患应当及时报告。

5. 职业病危害告知与警示标识管理

职业病危害告知是指用人单位通过与劳动者签订劳动合同、公告、培训等方式，使劳动者知晓工作场所产生或存在的职业病危害因素、防护措施、对健康的影响以及健康检查结果等行为。

职业病危害警示标识是指在工作场所中设置的可以提醒劳动者对职业病危害产生警觉并采取相应防护措施的图形标识、警示线、警示语句和文字说明以及组合使用的标识等，并依法开展职业卫生培训，使劳动者了解警示标识的含义，并针对警示的职业病危害因素采取有效的防护措施，保障劳动者职业健康。用人单位应当在产生严重职业病危害作业岗位的醒目位置，设置警示标识和中文警示说明。

对可能发生急性职业损伤的有毒有害工作场所，用人单位应当设置报警装置，配置现场急救用品、冲洗设备、应急撤离通道和必要的泄险区。

第二节　化工行业职业危害控制措施

任何生产活动都是在一定的生产工艺设备条件下和一定的作业环境内进行的，生产过程、劳动过程和作业环境构成了劳动条件，其状况的好坏，以及劳动组织和操作过程安排是否合理，直接影响到劳动者的身心健康。化工生产过程中，同样存在着各种职业病危害因素，这些危害因素如不能采取有效的控制措施，可直接或间接地对企业员工的健康造成不良影响，使员工的某些器官或系统发生异常改变，形成急性或慢性病变。

一、化工企业职业病危害因素及其对健康的影响

化工企业职业危害因素种类主要是化学毒物、粉尘、噪声及高温等，这些职业危害影响员工身心健康，容易引发职业病，甚至造成死亡。

1. 化学毒物

化学毒物是指在一定条件下，投予较小剂量即可造成机体功能性或器质性损伤的化学物质。这些毒物在生产环境中常以气体、蒸汽、雾、烟尘、粉尘等形态存在，主要通过作业人员的呼吸道、皮肤或消化道进入人体而导致职业中毒，重者可危及生命。

2. 粉尘

在化工生产中，许多作业都会接触到粉尘，空气中的粉尘可以随呼吸进入呼吸道，当浓度较高或长期作用时会对人体造成危害。有些有机粉尘可引起哮喘性过敏反应；有些有毒粉尘可引起中毒；有些粉尘如石英、炭黑等可引起肺的纤维组织增生，甚至造成尘肺病，导致呼吸功能严重受损而使劳动能力下降或丧失。

3. 噪声

噪声对人体的危害主要是损害听力，特别是工作场所长时间的噪声会使耳朵的敏感度下降，最终导致职业性耳聋。噪声还能对人体其他系统和器官产生危害，引起神经衰弱，如记忆力减退、注意力不集中等，也可造成心律不齐、血管痉挛等。

4. 高温

化工生产要求的工艺条件苛刻，有的化学反应在高温高压下进行，作业人员在此环境下劳动极易导致体内热蓄积或水电解质平衡失调，出现不同程度的中暑症状，或引发慢性的热性疾病。

二、职业卫生工程控制措施

1. 职业卫生工程控制措施的含义

职业卫生工程控制措施又称职业卫生防护设施，是应用工程技术手段，控制、消除或者降低工作场所的职业病危害因素的浓度或者强度，预防和减少职业病危害因素对劳动者健康的损害或者影响，保护劳动者健康的设备、设施、装置、构（建）筑物的总称。

通常情况下，化工企业职业卫生防护设施主要包括全面通风装置、局部排风装置（密闭罩、排风柜、外部排风罩等）、有毒气体报警监视装置、吹吸式通风装置、湿式抑尘降尘装置、密闭隔离装置、减振降噪装置（消声器、隔声罩等）、隔热装置、防辐射设施以及应急救援设施等。

2. 职业卫生工程控制的方法

在化工生产过程中，对于工艺、技术和原材料达不到职业卫生要求的，应根据生产工艺和粉尘、毒物等危害特征，设计相应的防尘、防毒、隔振、降噪等控制措施，使工作场所有害物质浓度或者强度符合职业病危害因素限值要求。职业卫生工程控制的方法主要包括隔离、密闭、通风和物理因素控制。

（1）隔离

如果工作场所的职业病危害不可避免，应用隔离工程控制方法是最好的控制措施之一。

员工与职业病危害因素隔离，能有效消除或者降低其危害风险。如针对有氧化性、爆炸性、高毒等危害物质单独设置储存场所并与其他物质隔离，防止人员进入；为减少噪声的传播，设置隔声室，或者在满足工艺流程要求的前提下，将高噪声设备相对集中，并采取相应的隔声等控制措施与其他生产区域隔开；将散发有毒有害物质的工艺过程与其他无毒无害的工艺过程隔开等。

（2）密闭

生产过程产生的粉尘、化学毒物、热量等一旦从发生源逸散到作业场所，就会产生职业病危害，增加劳动者的接触风险。因此，比较好的控制策略就是通过工程技术加以密闭，将有害物的扩散限制在设定的密闭空间内，防止职业病危害逸散，并在密闭不严或不能密闭之处，安装通风排毒设施维持负压操作，将逸散的有毒有害物质排出。如使用通风橱控制化学物和热蒸汽逸出。

（3）通风

通风是控制化学毒物和热危害的主要方法，通风按照气流组织方式分为局部通风、全面通风和混合通风。化工企业应根据《工业企业设计卫生标准》，设计科学安全的防尘毒通风管理系统。如利用局部气流，消除工作场所中局部位置的粉尘、有毒有害气体、异常温度等有害因素，使局部作业环境得到改善；采取集中空调系统的工作场所，其换气量除满足稀释有毒有害气体需要量并保持冷热调节外，系统的新风量应不低于每人 $30m^3/h$，换气次数每小时不少于 12 次。

（4）物理因素控制

① 噪声的控制。控制噪声要全面考虑噪声源、传播途径和接收者三个基本环节组成的声学系统，因此，在化工生产中通过声源降噪、传播途径控制、对接收者的保护三个途径达到消除或降低噪声的效果，如在厂房和生产工艺设计时采取吸声降噪材料；生产过程中采用隔声罩、隔声间、隔声屏、阻性消声器、抗性消声器、微穿孔板消声器等隔声消声设备与技术，从而降低噪声危害。

② 振动的控制。振动的控制主要包括减少扰动、防止共振、采取隔振措施三类。减少扰动的措施主要指减少或消除振动源的激励，如改善机器的平衡、减少构件加工误差；防止共振是指防止或减少设备、结构对振动源的响应，如改变振动系统固有频率，改变振动系统扰动源频率，对薄壁结构作阻尼等；隔振主要指采取措施减小或隔离振动的传递，如在振源与需要防振的设备间安装弹性隔振装置。

③ 防暑降温。防暑降温应优先采用先进的生产工艺、技术和原材料，从而降低或控制工作场所的热源，工艺流程的设计宜使操作人员远离热源，同时根据其具体条件采取必要的隔热、通风、降温等措施，消除高温职业性危害。

三、化工企业个人职业病防护用品管理

《职业病防治法》规定用人单位必须为劳动者提供符合防治职业病要求的个体防护用品，并督促、指导劳动者按照使用规则正确佩戴和使用，不得发放钱物替代发放职业病防护用品，并对职业病防护用品进行经常性的维护和保养，确保防护用品有效，不得使用不符合国家职业卫生标准或者已经失效的职业病防护用品。

1. 制订个体防护用品配备计划并组织实施

化工企业应根据《职业病防治法》有关规定，制订个体防护用品配备计划，明确经费来源、防护用品的技术指标、更换周期等；根据工种台账、按工种存在的职业病危害因素及水平，配备相应的个体防护用品；个体防护用品应保证安全有效，符合职业病危害个体防护用品的标准，并应建立相应的制度，责任到位，专人负责，定期检查、维修，及时更换过期的用品，确保劳动者持有并熟悉使用及维护方法。

2. 按标准配备符合职业病防治要求的个体防护用品

化工企业应根据工作场所的职业病危害因素的种类、对人体的影响途径、现场生产条件、职业病危害因素的水平以及个人的生理和健康状况等特点，为企业员工配备符合国家或行业标准的个体防护用品。如果职业病危害隐患没有消除，职业病防护设施达不到防护效果，佩戴个体防护用品可以作为最后一道防线，用以消除或减轻职业病危害因素对劳动者健康的影响。常用个人职业病防护用品有防护帽、防护服、防护手套、防护眼镜、防护口（面）罩、防护耳罩（塞）、呼吸防护器和皮肤防护用品等。

3. 建立个体防护用品发放登记制度

化工企业在发放个体防护用品时应做好相应的记录，包括发放时间、工种、个体防护用品名称、数量、领用人签字等内容。

4. 及时维护并定期检测个体防护用品

化工企业应对个人职业病防护用品进行经常性的维护和检修，定期检测其性能和效果，确保其安全有效，并不得擅自让劳动者停止使用。如果发生损坏时，应及时更换，防止发生意外事故。

四、化工企业职业危害应急处置

化工企业在生产过程中，若发生职业危害，应及时采取下列措施予以处理。

① 停止导致职业病危害事故的作业，控制事故现场，防止事态扩大，把事故危害降到最低限度。

② 疏通应急撤离通道，撤离作业人员，组织泄险。

③ 保护事故现场，保留导致职业病危害事故的材料、设备和工具等。

④ 对遭受或者可能遭受职业病危害的员工，及时组织救治，进行健康检查和医学观察。

⑤ 按照规定进行事故报告。

⑥ 配合监管部门进行调查，按照有关部门的要求如实提供事故发生情况、有关材料和样品。

⑦ 落实监管部门要求采取的其他措施。

⑧ 工会组织在发生职业病危害事故时，有权参与事故调查处理；发现危及劳动者生命健康的情形时，有权向单位建议组织劳动者撤离危险现场，企业应立即给予正面回应并作出处理。

 案例

发生职业病危害事故怎么办？

某化工厂间二硝基苯车间因管道和阀门故障，导致间二硝基苯原料泄漏，并喷洒到正在从事回料和包装作业的李某身上。事故发生后该企业对李某采取了温水冲洗、服用牛黄解毒片、止疼片治疗的措施，但未及时送医疗机构就诊，且未报告所在地卫生行政部门和有关部门，导致李某未得到及时救治，病情加重，造成难以恢复的周围神经损伤。李某经职业病诊断机构诊断为职业性急性间二硝基苯重度中毒。

评论：企业职业卫生管理工作不到位，不仅伤害了员工的健康，自身也将承担法律责任。本案例中，企业违反了《中华人民共和国职业病防治法》以下条款：第三十七条发生或者可能发生急性职业病危害事故时，用人单位应当立即采取应急救援和控制措施，并及时报告所在地卫生行政部门和有关部门。卫生行政部门接到报告后，应当及时会同有关部门组织调查处理；必要时，可以采取临时控制措施。卫生行政部门应当组织做好医疗救治工作。对遭受或者可能遭受急性职业病危害的劳动者，用人单位应当及时组织救治、进行健康检查和医学观察，所需费用由用人单位承担。

 练习题

一、思考题

1. 职业卫生管理应遵循哪些原则？
2. 职业卫生管理的任务有哪些？
3. 职业卫生重点监督检查的内容有哪些？
4. 如何做好职业危害的预防和控制？
5. 劳动过程中的防护与管理具体包括哪些内容？
6. 化工企业职业病危害因素有哪些？
7. 化工企业职业卫生工程控制的方法有哪些？
8. 化工企业职业危害应急处置包括哪些内容？

二、案例分析

某企业有一储备用的氧气球罐，为防止氧气爆炸，按技术管理规程每隔 7～8 年需用四氯化碳对氧气球罐清洗一次。事故当日该厂 7 名员工对球罐进行清洗，球罐仅开有 1 个小的进出口孔，操作工人在密闭环境内作业，当日中午 12 时 30 分工人王某在没有任何防护措施的情况下开始清洗作业，至下午 2 时 50 分王某第三次入罐作业时顿感不适、头昏、手脚麻木，在向罐口爬出时即神志不清，现场人员迅速将其送企业保健站并转送区中心医院抢救，诊断为急性四氯化碳中毒，住院 13 天痊愈出院。

试分析：

1. 此案例中该企业职业卫生管理存在哪些安全隐患？
2. 为避免类似事故的再次发生，该企业需要采取哪些补救措施？

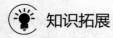 知识拓展

职业卫生健康监护的种类和周期

职业健康监护分为上岗前检查、在岗期间定期检查、离岗时检查、离岗后医学随访和应急健康检查五类。

1. 上岗前检查

上岗前健康检查的主要目的是发现有无职业禁忌证，建立接触职业病危害因素人员的基

础健康档案。上岗前健康检查均为强制性职业健康检查，应在开始从事有害作业前完成。下列人员应进行上岗前健康检查：

① 从事接触职业病危害因素作业的新录用人员，包括转岗到该种作业岗位的人员；

② 从事有特殊健康要求作业的人员，如高处作业、电工作业、职业机动车驾驶作业等。

2. 在岗期间定期健康检查

长期从事规定的需要开展健康监护的职业病危害因素作业的劳动者，应进行在岗期间的定期健康检查。定期健康检查的目的主要是早期发现职业病患者或疑似职业病患者或劳动者的其他健康异常改变；及时发现有职业禁忌证的劳动者；通过动态观察劳动者群体健康变化，评价工作场所职业病危害因素的控制效果。定期健康检查的周期根据不同职业病危害因素的性质、工作场所有害因素的浓度或强度、目标疾病的潜伏期和防护措施等因素决定。

3. 离岗时健康检查

① 劳动者在准备调离或脱离所从事的职业病危害的作业或岗位前，应进行离岗时健康检查；主要目的是确定其在停止接触职业病危害因素时的健康状况。

② 如最后一次在岗期间的健康检查是在离岗前的 90 日内，可视为离岗时检查。

4. 离岗后医学随访检查

① 如接触的职业病危害因素具有慢性健康影响，或发病有较长的潜伏期，在脱离接触后仍有可能发生职业病，需进行医学随访检查。

② 尘肺病患者在离岗后需进行医学随访检查。

③ 随访时间的长短应根据有害因素致病的流行病学及临床特点、劳动者从事该作业的时间长短、工作场所有害因素的浓度等因素综合考虑确定。

5. 应急检查

① 当发生急性职业病危害事故时，对遭受或者可能遭受急性职业病危害的劳动者，应及时组织健康检查。依据检查结果和现场劳动卫生学调查，确定危害因素，为急救和治疗提供依据，控制职业病危害的继续蔓延和发展。应急健康检查应在事故发生后立即开始。

② 从事可能产生职业性传染病作业的劳动者，在疫情流行期或近期密切接触传染源者，应及时开展应急健康检查，随时监测疫情动态。

第九章 班组管理

班组是企业的细胞，是企业各项工作的落脚点，是企业生产服务的前沿阵地。班组管理是企业管理的基础，是企业内部基础建设的一项重要的综合性工作。企业要通过班组管理来合理地组织人力、物力，调动班组人员的积极性，完成班组生产任务和各项经济指标。在很多时候，一个班组的战斗力就是一个企业的竞争力的直接体现。

通过本章的学习，你将能够：

1. 了解班组的地位、作用和班组的组织形式；了解班组管理的含义；了解加强班组管理的意义；了解班组长类型；了解工管员。

2. 掌握班组的定位；掌握班组的含义及特点；掌握班组管理的特点、原则和内容；掌握班组长和普通班组成员的区别。

3. 学会如何去建设班组；学会如何成为一名优秀的班组长。

📖 案例导入

2010 年，张斌来到了一家化工厂，他工作努力，又热爱学习，很快就凭借着出色的表现成为一名班长。刚刚走上这个岗位的时候，张斌也有一些紧张和忐忑，他以前从来没有当过领导，不知道怎样才能做好这份工作。

刚做班长的那段日子，张斌一如既往地拼命工作，每天都很忙，但几个月下来，他所带领的班组却没有取得什么出色的成绩，月月考核都落在后面。怎样才能带好一个班组，成了那段时间张斌日夜都在思考的问题。后来，有一位老班长指点了他：班长不是做好自己那份工作就完了，还要带着大家把工作做好，这是班长的另外一个使命。

听了老班长的话，张斌大受启发，他意识到从前自己只是做好了员工该做的工作，而忽略了对班组的管理，所以才会导致生产混乱，影响了工作效率。在弄清楚原因后，张斌开始转变。他每天依然出色地完成自己的本职工作，但也抽出时间去做管理工作。他合理地进行了人员的调配，为每一个人安排最适合的工作，同时，他还密切关注工作中出现的问题，一旦遇到那些难解的问题，就集中全组力量进行解决。

以前张斌的班组工作效率一直比较低，经过这番调整后，每个人都找到了最佳的岗位，做着自己最擅长的工作。张斌的班组在工作中取得了出色的成绩，发挥出了巨大的能量。

现在，张斌做班长已经有十多个年头了，他带领的班组在每月考核中都拿第一名，遥遥领先于其他班组。工作做得好，班组里的员工每月都能拿不少奖金，他们都感慨地说："多亏有这么优秀的班组长。"

从这个案例中你得到了哪些启示？

第一节　班组定位与班组管理

一、班组定位

班组是企业的基层组织，是加强企业管理，搞好企业生产的基础，企业生产管理中的一系列措施都要依靠班组长组织员工具体实施，设备设施都要由班组员工去正确操作和维护，所以班组工作的好坏直接关系着企业经营的成败，只有班组充满了勃勃生机，企业才会有旺盛的活力，才能在激烈的市场竞争中长久地立于不败之地。

1. 班组的基本概念

班组是企业依据其生产运营的特点，在劳动分工的基础上，把生产运营的一线工人按照生产运营的要求组成的最直接、最基层的生产运营组织。

班组是人们习惯的称呼，严格地说，"班"是指生产班次，如常见的早、中、夜班，或称甲、乙、丙班；"组"是指生产小组，现实生产中常有一个组的成员分为几个班次工作，也有同一班次中包括若干个组，这些都是从生产的实际需要出发而组合的。

2. 班组的特点

班组是企业的基层组织，是企业生产经营最前沿的基本单位，是企业各项工作的落脚点。因此，班组运转情况的好坏直接关系到企业管理水平的高低和经济效益的好坏。如果说企业是一个健全的肌体，那么班组则是其中最具活力的"细胞"。作为企业组织结构的基层、基础和基石，班组具有如下特点。

（1）结构小

班组处于企业结构中的最底层，是企业的最基层单位，是企业生产组织结构中最小的单位，不能再进行划分。结构小具体表现为班组人数少、生产设备少、产品品种少等。

（2）工作细

企业生产和管理的各项工作落实到班组后，班组就要把生产任务具体落实到每位班组成员，考核到每位班组成员，因而任务分配细，各种考核细，管理工作细。

（3）管理全

这是由于班组是企业各项工作的落脚点，各项工作的贯彻落实都是经过班组这个层次展开到工人中去。班组工作是企业全部工作的缩影。

（4）任务实

企业所有的生产内容和管理内容最终都要落实到班组，都要班组长去组织班组员工去实施完成。班组长和工管员是不脱产的，每天与组员、设备、产品打交道，所解决的都是各种具体的实际问题。

3. 班组的地位和作用

① 班组是企业最基层的生产单位，班组的生产经营活动直接决定着企业成本和利润的高低，是保证企业生产目标实现的基础。

② 班组是企业最基层的管理单位，其管理水平直接影响到企业管理的效果。企业的管理一定要深入到班组这一层次，管理效能才能发挥，企业才能焕发生机。

③ 班组是企业能人、强人的聚集库，对企业的发展起"输能"的作用。

实践证明：企业所需要的人才既不是在研究所也不是在大学里培养出来的，而是在企业生产现场、在班组、在生产第一线培养出来的，是靠班组长和工人师傅长期的严格要求，工作上手把手地具体指导，同事间无障碍的切磋交流的班集体气氛里逐渐培养出来的。

④ 班组是企业活力的源头，对企业活力的增强起支撑作用。看一个企业有没有活力，首先要看班组有没有活力，班组作为企业中最能激发创意、解决问题的基层劳动集体，其生机和活力直接影响到企业的生机活力。如果一个班组是激发创意、生机勃勃的劳动团体，员工在这个集体就能每天都保持着新鲜感和成就感，那么他们就会快乐工作，不断进步，不断发明创造，企业的生机和活力也就会不断增长，经济效益也会不断提高。

⑤ 班组是控制事故的前沿阵地，是企业安全管理的基本环节。加强班组安全建设是企业加强安全生产管理的关键，也是减少伤亡事故和各类灾害事故最切实、最有效的办法。

⑥ 班组是企业民主管理的基地，具有团结和稳定职工的凝聚作用。

⑦ 班组是企业职工的小家，具有育人和护人的熔炉作用。

4. 班组的组织形式

① 普通的班组一般设立一名班长、一名技术员，10人以上的班组另设立一名副班长。

② 班组根据实际情况和工作需要建立班委会。班委会是以班长为主，由技术员、安全员、工会小组长等组成。

③ 班组实行班长负责和班委会民主管理相结合的管理体制。

④ 班组可以根据工作的需要，设立若干兼职的工人民主管理员（简称工管员）。

二、班组管理

1. 班组管理的含义

班组管理是班组在整个生产经营活动中进行的计划、组织、指挥、协调、控制和激励等管理活动，它通过对现有资源的合理利用，达到低投入高产出的目的，实现企业和车间所规定的目标和要求。班组管理与企业管理没有什么大的区别，有人曾用"麻雀虽小，五脏俱全"来说明班组管理与企业管理是同等重要的地位。

2. 班组管理的特点

（1）群众性

班组管理是最基层的管理，是班组长和每个班组成员的一种自我管理，是民主管理的最直接体现。在班组管理过程中，管理者和被管理者之间没有绝对的界限，例如，班组长在班务工作和班组生产中是一名管理者，但面对安全工作的监督员、质量管理工作的监督员又是一个被管理者的角色。因此，班组管理具有很强的群众性特征。

（2）直接性

班组成员是生产的直接操作者，班组管理者对被管理者是面对面的直接管理，因此具有直接性的特征。

（3）多元性

企业的各种管理活动最终都要落实到班组，这就需要班组长要有较好的组织和协调能力，把班组的各项工作落实到每个人，共同做好班组的各项管理工作。

3. 班组管理的原则

① 目标管理原则：班组的小目标要永远围绕在企业的整体目标之中。

② 以人为本的原则：班组管理涉及若干内容，但管理的主体或决定因素是人，是班组内的员工，因此在班组管理过程中应重视班组员工的需要和发展。

③ 效益原则：班组的生存是由企业的维系成本和效益决定的，效益是班组管理的最终目标，班组管理在追求效益最大化的同时，要树立生态环境效益观。

④ 质量第一原则：质量是企业的生命线，质量的好坏直接影响到企业的发展，班组作为构成企业的基本细胞，无论何时都要把质量放在首位。

⑤ 能者为师原则：班组人员都是生产第一线的操作工人，岗位练兵提高技术是最重要的，班组成员要互相学习，相互指教，不分年龄，不分职级，以能者为师。班组内部要通过开展"一帮一"、"技能对手赛"等多种形式的活动，形成一种积极钻研技术、学业务、当能手的"比、学、赶、帮、超"的浓厚氛围。

⑥ 以生产实绩论英雄原则：实绩就是贡献，实绩高就是生产能手，有实绩的劳动者就是劳动模范，就该评优获奖，通过以生产实绩论英雄原则鼓励班组成员努力学习新工艺，积极生产，为企业多做贡献。

⑦ 激励原则：具体包括目标激励、任务激励、物质激励、精神激励、岗位激励、信任激励等。

4. 班组管理的意义

① 加强班组管理，有利于企业生产经营目标的实现。企业的任何生产任务都必须通过班组来完成，加强班组管理，协调班组生产有利于企业生产任务的完成。

② 加强班组管理，是提高企业经济效益的重要保证。企业通过加强班组管理，贯彻执行岗位责任制，全面开展班组经济核算，节约生产成本，提高生产效率，使经济效益得到不断提高。

③ 加强班组管理，有利于提高企业管理水平。班组正确及时地做好各项原始记录，对班组内成员进行细致的考核，为车间、部门和厂级职能机构提供及时、准确、完整的资料数据和信息，可以改善与提高企业管理水平。

④ 加强班组管理，有利于培养和输送人才。班组既是实践技术基础理论和提高生产技能的练兵场，又是学习掌握先进科学技术的课堂。加强班组管理，从思想道德、技术水平、团队合作能力等方面去引导和培养班组基层人员，是企业人才培养的根本途径。

第二节　班组管理的内容与措施

班组是企业的细胞，班组管理是企业管理的基础，班组管理影响着企业生产决策的实施，抓好班组管理对全面提高企业素质与企业经济效益，都有着重大作用。

一、班组思想政治工作

思想政治工作是经济工作和其他一切工作的生命线。班组思想政治工作的主要内容是组织班组成员学习和掌握国家的路线、方针、政策，并进行爱国主义教育、社会主义核心价值观的教育、集体主义教育、理想信念教育、职业道德教育、遵纪守法教育、企业规章制度教育、安全文明生产教育等，把班组成员培养成为有理想、有道德、有文化、有纪律的社会主义新人。

思想政治工作的形式和载体要喜闻乐见、寓教育于有益、有趣、有创意并和班组工作结合的活动中去，这样才能使思想政治工作具有吸引力、说服力、感染力和卓有成效，为保证完成生产任务、建设企业物质文明和精神文明保驾护航。

二、班组目标管理

如果一个领域没有目标，这个领域的工作必然被忽视，因此管理者应该通过目标对下级进行管理，当企业最高层管理者确定了企业目标后，必须对其进行有效分解，转变成各个部门以及每个人的分目标，而班组目标正是根据车间部门目标对本班的分工要求和保证措施加以具体化，再结合本班组在一定时期内自我发展的要求制订的。

1. 制订班组目标应遵循的原则

（1）一致性原则

班组目标要以服从企业、车间（部门）目标为前提，班组工作的各个方面要与企业协调一致。

（2）激励性原则

班组目标要注重目标的激励作用，能够激发班组每个成员的工作欲望，发挥他们的工作主动性。

（3）可行性原则

班组目标的制订既要防止高不可攀，又不能轻而易举达到，要尽量发挥目标的动员作用，使目标切实可行，调动班组成员的进取心和达到目标后的"满足感"。

2. 班组目标的实施

班组目标在实施中的管理十分重要。在目标实现过程中，要依据目标，不断地定期检查对照，纠正偏差和掌握进度，实行总体控制，要防止所定目标流于形式；在目标完成后要进行成果评价，及时反馈总结。其具体步骤如下。

① 制订总体目标；

② 分解总体目标；

③ 明确班组所有成员的具体目标；

④ 制订工作计划；

⑤ 实施工作计划；

⑥ 检查工作计划进展情况和相应目标的实现情况；

⑦ 绩效目标考核；

⑧ 奖优罚劣，促进目标实现。

三、班组生产管理

1. 生产管理的含义及具体内容

班组生产管理是班组管理的重要组成部分，是企业生产管理的基础。班组生产管理是根据车间或工段下达到班组的生产计划，在充分利用人力、设备、原材料、技术等基础上，对班组生产系统的设计、运行与维护过程的管理，它包括对班组生产过程进行计划、组织和控制。

（1）班组的生产计划

班组生产计划是以车间（工段）生产计划为依据，结合本班组生产能力，综合平衡所要生产的产品质量、产量、品种及生产的进度与消耗等各项技术经济指标的具体要求制定的。班组生产计划的制订必须适应和满足车间（工段）生产计划对本班组的具体要求，预先消除生产中各个环节的无效劳动和浪费现象，实现最佳的经济效益。

（2）班组生产过程组织

生产过程的组织是以最佳的方式将各种生产要素结合起来，将生产过程中的劳动者、劳动工具、劳动对象以及生产过程的各个环节、阶段和工序进行合理安排，以保证生产产品的流程最短、时间最短以及耗费最少，并按照计划规定的产品品种、质量、数量和期限等生产出社会需要的产品。抓好生产过程管理是完成班组作业计划的关键。具体内容如下。

① 班组长按照生产计划要求督促班组成员做好生产工作，根据生产需要合理调剂劳动力，检查生产设备的运转情况。

② 坚持"质量第一"的方针，加强工序控制，自觉做好"三自"（自检、自分、自记）和"三检"（首件检查、中间巡回检查、转工序的完工检查）。

③ 抓衔接，组织均衡生产。均衡生产就是要有节奏地、均匀地生产出产品（零件），要树立为下道工序服务的观点和严格执行计划的观点。

④ 充分地准备。班组的生产准备具体包括设计图纸、工艺文件等技术文件的准备；磨具、量具、工具的准备；设备维护和保养的准备；原材料和助剂的准备；人员配备的准备；各种运输准备等。

⑤ 有效地控制。班组生产控制是在班组生产作业计划的执行过程中，核实班组的生产的进度、质量、成本与对应的计划是否一致，以便找出偏差，及时反馈，采取措施。

2. 生产管理应遵循的原则

① 以市场为导向原则。

② 讲究经济效益原则。

③ 科学管理和创新相结合的原则。

④ 均衡生产原则。

3. 班组生产管理的任务

（1）按照规定的计划和任务组织生产

（2）按照规定的产品计划成本和质量标准完成生产任务

（3）安全、均衡地组织生产

（4）班组日常生产管理

① 检查和掌握班组生产前的技术、物资、人员组织和思想动员准备情况，把阻碍生产的问题尽可能在生产之前解决掉。

② 严格执行作业计划，掌握好进度，及时检查分析，发现问题积极采取措施。

③ 加强物料管理，掌握班组的原材料投入，防止混乱、丢失和损坏。

④ 及时认真填写统计报表，做到数据准确、字迹清晰。

⑤ 严肃工作纪律，严格执行规程，严防事故发生。

⑥ 开好班前会和班后会。

⑦ 做好班前班后的交接工作。

四、班组技术管理

班组技术管理是以提高工序生产能力和工序生产质量为目的，开展有关班组技术活动方面的管理工作。它是班组管理的基本内容，是衡量班组工作水平的一个重要标志。

1. 班组技术管理的任务

班组技术管理总的任务是：按照企业与车间的部署，逐步完善与巩固班组生产技术工作秩序；在保证质量的前提下，减少消耗，并按照企业技术管理工作的要求，制订班组加强技术管理和落实技术管理工作的一些实施细则；严格"三按"（按图纸、按工艺、按技术标准）生产，组织技术攻关，不断地提高班组生产的技术水平，提高经济效益。

2. 班组技术管理的内容

① 按工艺规程组织管理。

② 组织工序质量控制活动和开展质量攻关活动，搞好质量自检和互检。班组应组织职工对生产薄弱环节，如质量不稳定、安全保障差、消耗体力大、耗能耗料多、生产效率低的加工对象，群策群力想办法、提措施和搞革新，在保证质量和安全的基础上，加以攻克和解决，以提高生产效率，促进生产任务同生产能力的平衡，保证完成和超额完成生产任务。

③ 组织员工学习交流技术知识和操作技能，开展操作竞赛。组织班组每个成员，充分利用业余时间认真学习文化技术知识，丰富自己的知识面，熟练地掌握工厂技术标准、图纸和工艺的标记符号，了解产品的性能和用途，全面提高班组成员的技术水平。

④ 推广应用新技术、新工艺。

五、班组质量管理

班组的质量管理，是以班组从事的生产与工作为对象，从中找出影响产品质量和工作质量的各种主客观因素，并在生产工艺过程中加以控制与管理。班组质量管理是企业质量管理体系建立和运行的基础。企业要发展，要在市场竞争中立于不败之地，首要的是要做好班组的质量管理。做好班组质量管理应从以下几方面着手。

1. 加强质量管理的思想教育

班组内部应经常开展思想教育活动，帮助班组成员树立"质量第一"的观念。班组长要把宣传、坚持、执行"质量第一"理念放在职工教育的显要位置，在职工中树立"质量就是安全""质量等于安全"的思想，动员班组成员自觉地参与班组质量管理，控制每一道工序，严格把关，及时分析，定时反馈，形成班组的质量保证体系。

2. 学习质量管理的知识

学习质量管理的理论，帮助班组成员掌握先进科学的质量管理方法，并运用于班组实践，在本班组内部逐步形成"人人有事做，事事有人管，工作讲质量，质量讲标准"的局面。

3. 严格执行班组质量责任制

树立"客户第一，下一道工序就是客户"的观点，严格执行本企业所制订的生产技术、质量等方面的规章制度和操作规程，切不可有章不循或"想当然"地进行生产和工作。

六、班组设备管理

班组设备管理是指生产现场的设备管理。班组在设备管理过程中，本着节省设备管理费用和维修费用的原则，正确合理地使用设备，认真保管设备，精心保养设备，及时维修设备，适时进行设备的革新改造，使设备处于最佳技术状态，发挥设备的工作效率，提高设备的管理水平。

（1）正确合理地使用设备

正确合理地使用设备是指为设备提供良好的工作环境，配备合格的操作人员，合理安排设备的生产，在节省设备管理费用和维修费用的前提下，保证设备始终处于最佳技术状态。这是班组设备管理中的首要任务。

（2）严格执行设备定人、定机负责制和设备运行交接班制度

班组的每位操作工人都能严格按照设备使用程序和工艺操作规程使用设备，认真保管设备，做到账、卡、物三相符。

（3）严格执行对设备基本情况、运转情况、生产情况及故障记录的制度

① 设备基本情况记录。为每台设备建立详细的档案，包括设备名称、型号、生产厂家、购买日期、使用年限、维修记录等。

② 运转情况监测与记录。定期对设备进行巡检，记录设备的运行参数，如温度、压力、电流、电压等。对于关键设备，可以安装在线监测系统，实时掌握设备运行状况。

③ 生产情况记录与分析。收集设备在生产过程中的相关数据，如产量、质量、能耗等。通过分析这些数据，可以了解设备性能是否稳定，是否存在潜在故障风险。

④ 故障记录与分析。对于发生的设备故障，要详细记录故障现象、原因、处理过程及结果。对故障进行分类和统计分析，找出故障发生的规律，为预防性维护提供依据。

（4）及时检查和保养设备

① 设备的检查。是对设备的运行情况、技术状况、工作精度、磨损程度等方面的检查。按照时间间隔，设备检查可分为日常检查和定期检查；按照检查内容设备检查可分为设备的性能检查和精度检查。见表9-1为设备检查的分类及特点。

② 保养设备的四点要求。保养设备应贯彻执行整齐、清洁、润滑、安全这四点要求。

表 9-1　设备检查的分类及特点

设备检查	类别	特点
按时间分类	日常检查	由操作工结合日常保养进行的例行检查和交接班检查
	定期检查	按照计划表在操作工的参与下，由专职维修人员为设备进行的全面检查，以便准确地掌握设备的技术状况、零部件磨损等情况
按内容分类	性能检查	对设备的各项机能进行检查和测定，如有无泄漏、腐蚀，耐热耐压性能是否达标等
	精度检查	对设备的各项工作进行检查测定，确定设备的实际精度

③ 润滑设备时的五定管理。定点（按规定的油眼注油处加油）、定时（按规定的时间加油）、定质（按规定的牌号加油）、定量（按规定的数量加油）、定人（每台设备润滑部分都有专人负责）。

（5）配合车间和工厂进行设备的更新和改造

① 对现有设备进行评估，了解其性能、效率、维护成本及存在的问题，为更新和改造提供基础数据。

② 根据评估结果和需求，制定详细的设备更新和改造计划，为车间和工厂的设备更新与改造提供参考。

③ 在设备更新和改造过程中，班组需要积极参与施工组织和现场协调。在设备安装完成后，进行调试和试运行，确保设备能够正常运行并达到改造目标。

④ 对班组人员进行新设备和新技术的操作与维护培训，确保班组人员能够熟练掌握新设备和新技术的使用与维护方法。

⑤ 根据生产需求和技术发展，持续关注新设备和新技术的动态，定期对设备进行维护和检查，及时发现并解决问题，不断优化设备的使用和维护流程，提高设备的运行效率和稳定性。

七、班组安全管理

班组安全管理就是对班组安全行为进行研究、预测、引导、控制等安全管理的活动，其目的是充分调动全班组人员的安全意识，不断提高班组成员克服个人不安全行为的能力，增强自我保护意识和互保意识。

1. 班组安全管理的重要性

班组安全管理是加强企业安全管理，搞好安全生产，减少安全事故的基础和关键。据调查统计，化工企业95%以上的安全事故是由于基层班组成员违章作业、隐瞒事故隐患等人为因素造成的，因此，为减少或避免安全事故的发生，最切实、最有效的办法就是加强企业班组安全管理，把安全工作作为班组管理的头等大事来抓。

2. 班组安全管理的内容

安全工作重点在班组、在现场，对安全生产抓而不紧等于不抓，抓而不实等于白抓。我们要从组织与技术两方面着手，从预防入手，从一点一滴入手，抓好班组的安全管理工作。

① 明确班组安全工作目标。班组安全工作要实行目标管理，消除一切不安全的隐患，树立安全管理的"三无"标准。

② 全面提高班组长的安全防范意识与安全防范技能。班组长自身安全防范意识与安全防范技能的高低直接影响班组的安全管理，因此作为班组长，不单单是懂生产、精技术、热衷管理的生产型班组长，同时作为班组安全的第一责任人，还应加强自己的安全生产意识、安全管理知识和安全责任感。

③ 班组安全教育。班组安全教育就是要坚持班组"安全第一，预防为主"的安全教育方针，加强班组安全思想和安全知识教育。

④ 建立健全安全生产责任制。通过建立健全安全生产责任制，明确地规定班组成员在安全工作中的具体任务、责任和权利，做到一岗一责制，使安全工作事事有人管、人人有专责，从而把与安全生产有关的工作同班组成员有机结合起来，形成高效的安全管理责任系统。

⑤ 加强班组安全细节管理。班组在生产中对安全工作要做到勤检查、细检查，使每个操作环节、每一次交接班都符合安全生产的规范要求。班组成员在生产过程中要做到不忽视每处疑点，不放过每一个隐患，及时准确地发现问题，把可能出现的事故消灭在萌芽状态。

⑥ 认真贯彻执行上级颁布的有关劳动、安全生产规章制度和指示，严格遵守劳动纪律和考勤制度，做好各种原始记录。

⑦ 正确使用劳动保护用品。

⑧ 认真组织安全生产检查。班组内部要经常检查、整修机具和安全装置，整顿工作地点，及时清理废料，保持照明设备清洁完好，道路畅通，并积极配合厂部、车间对检查出的不安全因素认真进行整改。

八、民主管理

班组民主管理是班组职工对班组的全面生产活动以及班组各项工作，进行讨论、审议、决定和检查，实现职工直接、广泛、经常参与管理班组的一种管理形式。它包括政治民主、管理民主、经济民主、生活民主。

1. 政治民主

① 民主选举班组长、工会小组长和其他管理人员。

② 选举职工代表参加企业民主管理。

③ 向班组长和各级领导干部，提出奖惩建议。

④ 评选班组先进职工，开展记功表彰活动。

⑤ 按照制订的学习计划，开展多种形式的学习，提高思想觉悟，使班组形成民主、团结、和谐的环境。

2. 管理民主

定期对班组承包的作业计划、方案及有关技术、设备、原材料消耗等问题进行讨论，提出解决方案；开展技术业务学习，实行全面质量管理和合理化建议活动。

3. 经济民主

参与监督企业的分配和班组的再分配，并根据企业、车间分配的标准和班组的特点制订本班组的资金分配方案。

4. 生活民主

班组要定期召开班组民主生活会，经常进行家访谈心活动，开展互助活动等。

第三节 班组建设

一、班组建设的含义

班组建设即通过有效的方法和手段，在班组内部进行班组文化、学习制度及工作制度等建设，最大限度地调动班组成员生产的积极性、创造性，提高班组成员的专业技能与综合素质的活动。

二、班组建设的内容

班组是企业细胞，班组建设是企业建设的基础和重要组成部分，是一项综合性和群众性很强的基础建设工作。班组建设主要包括班组岗位责任制建设、班组的组织建设、班组成员的素质建设、班组团队与团队精神建设、班组文化建设五方面内容。

1. 班组岗位责任制建设

班组岗位责任制建设即把企业的经营目标和任务，按照责、权、利相结合的原则，层层分解落实到班组的各个岗位上，并限定了每个岗位应该做什么、什么时间做、应做到什么标准以及应该如何考核和奖惩，以便达到事事有人管、人人有专责、办事有标准的建设规范要求。

2. 班组的组织建设

① 班组长是班组的主要负责人，班组长的产生通常是由车间任命或民主选举产生，其任期一般是 2 年，在其任期内，班组长主要负责班组日常生产和行政工作的指挥，10 人以上的班组按需要通常应设立一名专职的副班长和技术员。

② 班组通常根据工作的需要，建立班委会。班委会是以班组长为主，由技术员、安全员、工会小组长等组成班委会，负责协助、监督班组长的管理。

③ 当班组遇到重大问题时，通常由工会小组长召集班组民主会，广泛发扬班组民主，然后由班组长根据大家讨论的结果进行决定。

3. 班组成员的素质建设

① 思想素质建设。

② 职业道德素质培养。

③ 劳动技术素质建设。班组成员的劳动技术素质是班组成员素质建设的核心，它包括

生产技术基本素养和生产协作能力等方面的内容。

④ 班组成员身心素质建设。班组成员身心素质是班组生产能力的基本保证，它包括身体素质和心理素质两个方面。

4. 班组团队与团队精神建设

在行业、职业和岗位分工明确，对能力要求日益精细化的今天，靠单打独斗去取得成功是很困难的，个人能力总是存在着这样或那样的缺陷，只有在团队里，个人的缺陷才能得到弥补和避免，也只有去提升班组内成员的团队精神，在班内树立协作精神、全局观念、责任意识、互助精神、进取精神，班组的整体战斗力才会更强。

5. 班组文化建设

班组文化建设是企业文化建设的一个缩影和重要组成部分。它具体包括班组精神文明建设、班组制度文化建设、班组物质文化建设、班组行为文化建设四部分内容。一个健康的、有竞争力的班组文化可以使班组成员相信自己是在最好的组织中工作，产生由衷的自豪感，还可以使班组成员与班组长成为并肩战斗的伙伴，一样渴望班组的成功。

三、加强班组建设的具体措施

1. 抓紧制订班组建设的具体方案

根据企业发展的目标要求，结合各自实际，围绕企业不同时期发展的重点、难点和特点，制定本企业班组建设的具体方案，包括班组建设的规划目标、主要内容、工作重点、保证措施、组织领导等，并认真组织实施。

2. 建立健全班组建设的相关制度

结合企业实际，科学制订质量管理、设备管理、安全管理、目标管理、考勤考核、劳动纪律等班组管理制度，使班组建设有章可循。

3. 重点抓好班组长素质提升工作

加强班组建设，首先是要选配好班组长。班组长除了要具备应有的职业道德、职业技能外，还要有较强的思想文化素质、综合业务水平、基本管理技能及协调人际关系的能力。要加强现有班组长培训，着力提升班组长在企业基层的业务指导、组织协调、控制沟通和开拓创新能力，同时加强对班组长工作的考核，完善激励机制，不断提高班组长的整体素质与工作水平。

4. 认真搞好班组成员的培训

积极开展职业化教育和各类技能培训，全面提高班组成员的政治素质、业务水平和职业技能；根据企业实际需求，通过测评考试或技术比武，培养人才、发现人才、选拔人才，巩固和提升学习培训的效果。班组内部还应广泛开展形式多样的岗位练兵、技术比武、技能大赛等活动，鼓励员工苦练基本功，提高岗位竞争能力和员工队伍整体素质。

5. 切实加强对班组建设的组织领导

搞好班组建设，关键在于加强班组领导，狠抓落实，从企业实际和行业特点出发，引导班组深入开展文明班组、红旗班组、先进职工小家、星级班组、星级职工等竞赛活动，提升班组的整体水平和凝聚力。

四、班组建设的意义

班组是企业管理中最基础的一级管理组织，是企业组织生产经营活动的基本单位，是企业一切工作的立足点，全面加强班组建设，实现班组管理的科学化、制度化、规范化，是企业建设的前提和基石，是实现企业管理现代化的一项重要工作。

第四节 班组长和工管员

一、班组长的地位和作用

1. 班组长的地位

班组长是企业基层管理的排头兵，他既是企业生产管理的基层领导者，又是企业民主管理的关键人物；他既要担当企业生产第一线的指挥员，还要做好班组成员的思想政治工作；他一方面要积极贯彻上至厂长，下至车间主任（工长）的各种指令，另一方面，还要把班组实际生产状况、管理状况、统计资料以及职工的要求和建议及时上报，供领导做决策参考；他既是不脱产的、指挥一班人的"将"，又是需要完成相当生产任务的"兵"。人们总是这样形容班组长："是司令、是政委、也是战士！"

2. 班组长角色定位的转变

班组长角色定位的转变即由技术型人才向管理型人才的转变，见表 9-2 所示。

表 9-2 班组长角色定位的转变

技术型人才的关注点	管理型人才的关注点
①重视管"物"	①重视管"人"
②注重知识技能的"深度"	②注重知识技能的"广度"
③重视"过程"	③重视"结果"
④"专才"	④"通才"
⑤自然科学	⑤人文科学
⑥个人干	⑥集体干
⑦自己干	⑦团队干

3. 班组长的作用

班组长的地位决定着班组长应该起到的作用，从班组长在企业工作中的具体情况来看主要有以下重要作用。

（1）表率和榜样作用

班组形象的好坏，班组长起着非常重要的作用。班组长是班组生产经营的协调者和指挥者，在一般企业里，班组长不算"干部"，但实际上，班组长却基本具备了"干部"的管理职能，因此班组长处于"兵头将尾"的地位，所以班组长必须时时注意自己的言行，并不断提高自身的素质，在班组建设中发挥标兵和示范的作用。如作业规程和班组纪律的执行，班组长不到位，班组内就很难形成好的秩序。

（2）纽带和桥梁作用

班组长在企业中起着承上启下的作用，既要及时准确地把上级的指示精神传达给组员，并认真地贯彻落实，同时也要向上级反映工作中的实际情况，提出自己的建议，做好上级领导的参谋、助手。

（3）组织动员作用

要把班组管理工作搞好，需要做大量思想政治工作和组织管理工作。这些工作都需要班组长去组织、发动班组的全体成员，积极投入到班组建设中去。班组长积极发动工作做得越好，班组的生产（工作）效率就会越高，班组的成果也就越大。

（4）生产技术的带头作用

在企业的经营和劳务管理过程中，班组长作为班组里的技术业务能手，必须具有破难题、攻难关的本领，这是现代班组建设的突出特色和现代企业发展的客观要求。

二、班组长的职责

班组长是企业中人数相当多的一支队伍，班组长既是企业的技术骨干，又是业务上的多面手，他们除了积极劳动，保证完成自身的生产任务外，还要负责班组的各项管理工作。其主要职责是按照企业经营目标的要求，根据车间主任的指令，做好本班组的生产、经营和管理的组织工作，确保完成各项生产技术指标和工作任务。

① 负责向班组成员传达上级指示精神并予以部署工作，负责向车间请示汇报班组工作，做到上情下达，下情上传。

② 负责做好班组的思想政治工作，不断提高班组成员的思想觉悟，激发班组成员的工作积极性。

③ 负责指挥班组的生产，开好班前班后会，协调工序、岗位、班组之间的关系，及时组织处理生产过程中的问题，有临时处置权，但事后必须及时向上级机关汇报。

④ 负责实施班组经济责任制规定的内容，并做好对本班组职工的考核工作。

⑤ 负责组织班组进行政治、文化、技术学习。班组长要积极支持、组织班组成员参加各类学校学习与定期脱产轮训，并通过开展班组内传、帮、带等活动来提高班组成员的政治文化知识和业务技术水平。

⑥ 负责组织班组劳动竞赛。在企业、车间劳动竞赛的基础上，班组长要带领班组成员，开展班组内的劳动竞赛，组织多种形式的岗位练兵和操作比赛，以便不断提高劳动生产率。

⑦ 防止工伤和重大事故。班组长要牢固树立"安全第一，预防为主"的原则，组织本班组成员按标准工作，切实解决产品质量、设备质量等问题，及时组织处理隐患，及时制止三违现象，防止出现工伤和重大事故。

⑧ 积极发现、扶植、培养各方面的人才，使他们在实际工作中锻炼中成长。

三、班组长的类型

随着时代的发展和工作的需要，越来越多的年轻人走上了班组长的岗位，他们之中有在班组长岗位上做出很大成就的，但也有因缺少系统的管理知识而出现种种问题的。

1. 优秀班组长

优秀班组长做事通常要有明确的目标，把单位的工作当成个人的事业来做；具备很好的协调上级和下级关系的能力；有良好的专业知识；有宽容大度的胸襟和不断上进的决心；是上级领导的参谋和下级员工的依靠。

2. 问题型班组长

（1）技术型班组长

技术型的班组长往往都是些业务能力强，在技术上能独当一面的人物，但缺乏人际关系的协调能力，工作方法通常都比较简单，处理问题比较机械，常用对待机器设备的方式对待很多社会现象和人际关系。因此这一类的班组长应着重进行人际关系方面的学习和改善。

（2）劳模型班组长

劳模型班组长在工作中常表现为工作踏实、勤勤恳恳、不讲报酬，靠自己的行动影响班组成员工作，但这类班组长一般缺乏开拓精神，不适合担任领导工作。因此对这部分人应加强管理能力方面的学习。

（3）大撒把型班组长

大撒把型班组长在工作中采取一种无为而治的做法，对工作没有责任心，得过且过，缺乏威信。因此对待这种几乎找不到任何优点的班组长加强其责任心的培养是重中之重。

（4）盲目执行型班组长

盲目执行型班组长在工作中能不折不扣地去完成上级交给的任务，具有很强的执行力，但是工作态度生硬，缺乏创新意识。因此对待这种类型的班组长应加强管理知识方面的学习，增强其创新意识。

（5）哥们儿义气型班组长

哥们儿义气型班组长对待班组成员像哥们儿一样，讲究义气，有凝聚力，但在工作中因过于讲究义气而常感情用事，缺乏原则性。因此对这类班组长应培养其大局观的意识。

上述几种班组长在化工企业中普遍存在，他们最大的弱点就是缺乏令人满意的管理能力，从而导致一些具有较高价值的领导决策得不到有效的贯彻执行，严重地影响了企业的最终效益，甚至还严重地损害了企业的良好形象。因此，对现代企业而言，加强班组长管理知识的培训刻不容缓。

四、班组长素质要求

1. 职业道德和思想素质

① 班组长要有较高的思想觉悟，具有优良的道德品质，要有积极向上、不怕困难的精神风貌和坚强意志。

② 高度的工作责任心。班组长对待本职工作要忠于职守，尽职尽责。

③ 爱岗敬业。班组长要认真对待自己的岗位，无论在任何时候，都要尊重自己的工作岗位，勤奋工作。

④ 诚实守信。诚实守信是做人做事的基本准则，诚实是我们对自身的一种约束和要求，守信是外人对我们的一种希望和要求。班组长做事既代表个人，又代表班组，如果班组长不能做到诚实守信，那么不光他自己会失信于人，他所代表的班组也会受到影响，得不到人们的信任。

📖 案例

　　某维修班组在一次锅炉检修时，班组内一名员工由于疏忽拿错了配件，此事由于发现及时，没有造成严重后果，后来事情被班长王某知道，王某主动向车间主任汇报，并承担了自己在管理、教育上的责任。事后，班长王某虽然因监督不力受到了领导的批评，但是，他这种实事求是的工作态度在无形之中感染了全班组成员，该班成员更加紧密地团结在王某身边，在接下来的 5 年之中，该班没有出现一次安全事故。所以，只有班组长对工作一丝不苟，诚实守信，才能更好地团结全班，树立威信。

　　⑤ 善解人意、团结同事。班组的战斗力、凝聚力来自班组员工的团结一致。班组长的一个重要职能就是要发挥好团结纽带的作用，把分散的个人组织在一起。

2. 专业技术素质

　　具有一定的专业能力，是本企业本岗位的技术尖子。

3. 身心素质

　　班组长的心理素质会直接影响到班组成员的心态和情绪，班组长的身体素质是班组长担当起参与生产和管理工作重任的基础。

4. 组织管理素质

　　班组长是企业的"兵头将尾"，是生产现场的"管理者"。

　　① 班组长在直接从事生产操作的同时，主要是组织推动班组成员完成生产工作任务，这是人们称班组长为"管理者"的理由。

　　② 班组长能有效地设计、制订班组员工的培训计划并予以实施。

　　③ 班组长要有随机应变的能力，对于一些突发事件能够迅速做出分析判断，并及时解决。

> 　　一名优秀的班组长，德才兼备是必需的，有才无德是危险品，有德无才是半成品，无德无才是废品，有德有才才是正品。

五、班组长的管理职能

　　① 计划：根据企业和车间的工作计划，做好班组的年度计划、月计划和每天的计划。

　　② 组织：能够组织班组成员进行有效生产。

　　③ 协调：协调好班组成员之间的关系，提高班组成员工作积极性。

　　④ 控制：根据客观情况的改变，控制并调整本班组的生产进度、生产目标等。

　　⑤ 激励：主要针对班组成员的表现所采取的表扬性激励或批评性激励。

　　⑥ 监督：监督生产的全过程，并对生产结果进行评估。

　　⑦ 辅助：及时向上级反映工作中的情况，并提出自己的建议，做好上级领导的参谋助手。

六、班组长的工作方法

1. 榜样示范法

　　以身作则、榜样示范是一种无声的语言和命令，所谓"身教胜于言教"。榜样示范的关键是要选择和树立好示范的榜样。

① 选择英雄人物做榜样，主要学习他们的境界和精神，鼓舞和指导班组成员的工作目标和工作理想；

② 选择在企业做出突出贡献或取得优异成绩的模范人物和先进生产者，向他们学习奋发向上的精神和对技术工作执着的追求；

③ 班组长要自己作榜样来带领和影响其他班组成员，或以班组其他做出优秀成绩的成员为榜样，让大家学起来看得见、摸得着、有针对性、有具体和相似的参照性。

2. 表扬批评法

表扬和批评是推进班组工作的有效杠杆。在班组管理中，经济手段虽然奏效，但不能动辄以经济手段进行制裁而失去人性化管理的内涵。恰当地运用表扬与批评的方法，通过大力表扬先进、适当批评后进，可以在班组形成一种弘扬正气、遏制歪风、积极工作、刻苦学习的良好氛围。

3. 说服教育法

说服教育是通过谈话、讨论、讲解、调查、摆事实、讲道理的方式解决班组人员存在的各类生产生活方面的思想认识问题。说服教育要注意以下几方面：

① 要了解职工产生问题的原因，有的放矢地进行说服教育；

② 要说明问题的利害、讲清改进的道理，让班组成员从思想上认识到问题的后果是什么，改进后的作用是什么；

③ 要"动之以情，晓之以理"，做到"润物细无声"，耐心细致地做好班组成员的思想转化工作，使大家自觉地改变原来不正确的想法和做法。

4. 寓教于乐法

班组的年轻人较多，管理方法也要形式多样，尽量让年轻人乐于接受。无论是思想教育还是技术教育都可以采取寓教于乐的方法来进行，如学习技术知识采取知识竞赛的方法；进行思想教育采取外出参观的方法；科技普及教育采用游戏点拨的方法；帮助后进成员采取浪子回头的典型现身说法等。

5. 以柔制刚法

以柔制刚法就是用软的温和地去制服硬的刚强的方法。在班组管理中，经常会碰到血气方刚、脾气火暴的年轻人犯错，如果一味严厉训斥可能会激化矛盾，效果适得其反，如果采用以柔制刚法解决则会起到意想不到的满意效果。

6. 以诚换诚法

诚者，乃真心诚意也。班组的管理对象主要是人，班组长只有诚心关心和爱护班组成员，才能换取大家的信任。在以诚换诚法实施的过程中，要选择员工心理上的共鸣点、思想上的疑难点、感情上的敏感点、生活上的需求点，用"行"去感染员工的"情"。只要动真情、表诚意、以情动人、以诚换信，员工的问题和思想情绪都是可以解决的。

常用的班组管理方法还有很多，如扬长避短法、目标激励法、因果预测法、角色转换法等，关键问题是班组长如何做到因环境而异、因人而异，有的放矢地采取不同的方法解决班组中存在的问题，保证班组成员的和谐气氛，保证生产任务和经济目标的圆满完成。

七、班组工管员

根据班组工作的特点，班组内通常通过设置一定数量的工管员来协助班组长工作，班组工管员通常包括以下四类。

1. 经济核算员

经济核算员是由作风正派、业务娴熟、工作细致、管理严格的组员担任。他主要负责发动和组织班组成员积极参加班组经济核算活动，平衡班组各项指标，督促班组成员填写各项原始记录，做好班组经济指标台账登记，公布班组各项指标完成情况等。

2. 质量管理员

质量管理员是由班组内技术过硬、工艺娴熟、原则性强的组员担任。他主要负责监督、记录产品质量情况，按时向经济核算员提供产品质量资料、组织召开质量分析会，开展有益于促进产品质量提高的活动，进而保证本班组所生产的产品的优等率。

3. 安全员

安全员是由作风正派、业务娴熟、能够严格遵守规章制度且具有一定劳动保护知识的组员担任。他主要负责检查和督促本班组成员遵守企业的各项规章制度的情况，组织开展无违章、无隐患、无事故的安全生产"三无"活动，协助班组长按时开展班组安全日活动，做好伤亡事故的分析，防止安全事故的发生，按时领取劳动保护用品，并及时地发放到班组成员手中。

4. 考勤员

考勤员一般由具备以身作则、作风民主、办事公正、工作细致的组员担任。他主要负责对班组成员进行劳动纪律教育，准确及时填报考勤表，努力提高班组出勤率，对组内成员的岗位工作进行切实考核，协助班组长合理分配奖金等工作。

 练习题

一、思考题

1. 什么是班组，班组具有什么特点？

2. 班组的地位、作用各是什么？

3. 什么是班组管理？

4. 班组管理的特点和原则各是什么？

5. 班组管理的内容有哪些？

6. 如何去建设一个班组？

7. 常见班组长类型有哪些？

8. 班组工管员的岗位及职责是什么？

9. 如何成为一名优秀的班组长？

二、材料分析

在班组管理会上，有人主张激励，有人却提出异议，说针对某些人，光靠激励也不能奏效，有时候，适当地批评还是有必要的。提出异议者接着讲了这样一段关于拿破仑的"轶事"，拿破仑在一次打猎的时候，看到一个落水男孩，一边拼命挣扎，一边呼喊救命。当时这河面并不宽，拿破仑不但没有跳水救人，反而端起猎枪，对准落水者，大声喊道："你若不自己爬上来，我就把你打死在水中。那男孩见求救无用，反而增添了一层危险，便更加拼命地奋力自救，终于游上了岸。

结合上述材料试分析：作为一名优秀的班组长应掌握哪些管理职能？

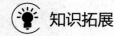 **知识拓展**

"五型"班组创建活动

一、创建学习型班组

① 班组重视学习，倡导终身学习理念，积极开展"创建学习型组织，争做知识型职工"活动，经常组织学习理论和业务技术知识，学习氛围浓厚。

② 充分肯定和尊重职工的学习热情、学习成果和劳动创造，形成了工作学习化、学习工作化，以学习推动工作，以工作促进学习的局面。

③ 根据施工经营任务，注重组织职工分析图纸，严格按施工技术方案进行施工，能够及时发现问题并提出改进措施，经常性提合理化建议，班组创新创效的实践能力突出。

④ 能够结合施工经营实际，组织进行班组岗位培训，积极开展"以师带徒"活动。

⑤ 认真组织班组成员参加所在单位或公司举办的各种业务技术学习和培训，按时参加技能鉴定，并均一次通过；在各种技术比武、比赛中，班组成员成绩突出。

二、创建安全型班组

① 高度重视安全工作，牢牢坚持"安全第一，预防为主"的方针，结合实际，创造性地开展班组安全治理工作。

② 全员安全意识强，熟知并能深刻领会公司安全理念，切实树立了"我要安全"、"我会安全"、"我能安全"的意识。

③ 认真组织班组成员参加单位举办的 HSE 知识学习及各种安全知识培训、技术交底、应急预案的演练等，把握安全生产应知应会知识，自我保护能力不断增强。

④ 班长切实履行班组安全第一责任人职责，坚持班前安全讲话并规范记录，坚持进行安全监督检查，班组成员能够互相爱护，互相提醒，互相监督，尤其要做好对新职工的安全监护。

⑤ 班组成员能够自觉规范穿戴各种劳保用品，严格遵守各种安全制度和操作规程，果断抵制和反对"三违"现象，没有安全责任事故。

三、创建清洁型班组

① 班组环境保护意识强。班组生产过程中，始终注重保护周边环境，对"三废"能按规定妥善处理，对发现的超标排放行为能及时向单位领导反映。

② 工作场所整洁有序。班组及其成员的工作场所、休息室等，能按公司现场标准化治理规定布置，物品摆放有序，整洁无废物。

③ 生活驻地环境好。注重保护生活驻地环境和卫生，不乱扔乱倒垃圾，班组宿舍内地面干净，无异味，个人物品摆放整洁。

④ 班组成员讲究个人卫生，注重仪表仪容，在有着装要求的场合，能按规定统一着装，体现出公司的良好形象。

四、创建节约型班组

① 班组认真贯彻执行国家和上级的有关节能法规、政策，且能够结合实际，制订有关

节能降耗的具体办法和措施并加以落实。

② 科学生产提高效益，班组及其成员生产过程中，注重科学组织，合理安排，有效利用资源提高效益。

③ 加强成本分析与控制。班组经常组织进行针对性的成本分析，并采取相应措施，班组成员有强烈的成本意识，时刻注重精打细算。

④ 班组成员有良好的节俭习惯。坚持对班组成员进行勤俭节约的道德教育，班组成员养成和保持良好的节俭习惯，爱护公物，班组范围内无长流水、长明灯等不良现象。

五、创建和谐型班组

① 团结协作干事创业。班组成员能够始终同心同德，围绕班组目标团结一致，协作奋进，按时高质量地完成承担的各项任务。

② 正确处理同所在单位、部门、其他班组等各方面的关系，相处融洽。

③ 班组成员之间互相关心，互相爱护，互相谅解，互相帮助，无打架斗殴现象，凝聚力强。

④ 班组成员遵章守纪，集体荣誉感强。班组及其成员关心爱护集体，服从领导，服从安排，组织纪律观念强，无违法乱纪现象；积极参加所在单位或上级组织的集体活动，努力争创和维护班组荣誉，班组内充满乐观、健康、向上的良好氛围。

第十章 化工企业文化及其建设

俗话说"小企业靠老板，中企业靠制度，大企业靠文化"。文化影响企业、企业需要文化，企业最可怕的是企业文化的缺失。优秀的企业文化是企业的精神和灵魂，更是企业生存、发展、壮大、强盛的核心支柱，是企业最大最丰富的无形资产。对化工企业来说，优秀的、符合企业自身实际的企业文化是推进化工行业持续稳定发展的核心因素，这种观点越来越受到行业的认可。

通过本章的学习，你将能够：

1. 了解企业文化的发展历程和分类；了解企业文化建设的意义。
2. 理解企业文化的概念、组成和特征。
3. 掌握企业文化的组成；掌握企业文化建设和企业形象塑造的方法和原则。

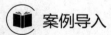 案例导入

优秀的企业更需要优秀的文化

瑞星集团始建于 1970 年，目前已经成为集肥料生产与销售、粮食收储与加工、土地流转、金融服务、科技研发、国际贸易为一体的大型现代化农业集团公司。

进入 21 世纪，瑞星集团面临着发展的战略转型，这种转型不仅包括业务转型和内部管理的变革，更重要的是企业文化的转变和员工理念的更新，可以说后者是决定战略转型成败的关键所在。正是基于这种认识，早在 2004 年，集团就着手对企业文化进行梳理、提炼，形成了适应企业实际的文化。作为国内较早对企业文化进行系统建设的企业，瑞星集团在探索实践中逐步形成了具有自身特色的文化建设之路。

结合案例，请谈一下你对企业文化的看法。

第一节 企业文化概述

企业文化是在一种从事实际经济活动的组织之中形成的组织文化。它所包含的价值观

念、行为准则等意识形态和物质形态均为该组织成员所共同认可。它与文教、科研、军事等组织的文化性质是不同的，是企业个性意识及内涵的总称。

一、企业文化的概念

企业文化是企业为解决生存和发展问题，树立形成的被企业成员认为有效而共同遵循的基本信念和认知。企业文化集中体现了一个企业经营管理的核心主张，以及由此产生的组织行为，是企业成员共同的价值观念和行为规范。通俗来讲，就是每一位员工都明白怎样做是对企业有利的，而且都自觉自愿地这样做，久而久之便形成了一种习惯，再经过一定时间的积淀，习惯成自然，成了人们头脑里一种牢固的"观念"，这种"观念"一旦形成，又会反作用于（约束）大家的行为，逐渐以规章制度、道德公允的形式成为众人的"行为规范"。

二、企业文化的兴起和发展

企业文化这个名词是个外来词汇，它孕育于日本、成熟于美国，风靡全世界。20 世纪 80 年代中期以后，"企业文化"一词开始在国内一些报刊上出现，研究企业文化的组织也相继兴起，为企业文化在中国企业的应用、发展和传播打下了良好的基础。

1. 企业文化的起源

企业文化作为一种管理理论，其实践来源于日本美国之间的经济竞争。第二次世界大战后日本经济的腾飞以及日本企业取得的成功，很大程度得益于日本企业的"和魂"精神。"和魂"指的是日本的大和民族精神，实质上就是以儒家思想为代表的中国文化的产物。

西方经济学家们在研究、比较中发现，同样的技术，同样的工厂，日本企业占有优势是因为管理思维、管理方式的不同，也就是企业文化上的差异。一个企业要在竞争中赢得胜利、谋得发展，决定因素不在于技术设备，而在于管理；不在于管理的硬件，而在于管理的软件，也就是所谓的"文化因素"。

作为一种企业管理理论体系，企业文化创建于 20 世纪 80 年代初的美国。1981—1982 年的短短两年中，美国企业管理理论界接连出版了《Z 理论——美国企业界怎样迎接日本的挑战》和《日本的管理艺术》。1985 年，波浪汹涌的"企业文化"再掀新的热潮，其标志是更具影响力的《组织文化》《赢得公司文化的控制》《组织文化与领导》和《赢得优势——领导艺术的较量》的出版，标志着企业文化的发展以及不断成熟。

2. 企业文化在我国的发展进程

我国正式引入"企业文化"这一概念是在 1986 年，国内报刊陆续刊登了有关企业文化的研究文章。1993 年以后，中国企业文化进入重要发展阶段，企业文化在企业管理中的地位得到确认和提升。进入 21 世纪，中国企业与国际市场和国际企业管理模式接轨，企业文化建设成为企业提升管理水平，增强核心竞争力的重要途径。

3. 我国企业文化发展进程中的四个转变

我国企业文化建设在理论研究和实践探索上经历了四个"转变"。

① 从"被动接受"到"主动需要"的转变。经济全球化的趋势不可避免地迎来文化的交锋和碰撞。企业意识到，谁拥有文化优势，谁就拥有竞争优势、效益优势和发展优势，开始主动建设企业文化。

② 从"生搬硬套"到"消化吸收"的转变。我国的企业在当前企业文化建设的大潮中，不再一味地"生搬硬套"中国的传统文化和西方企业的文化，而是从自身实际情况出发，汲取中国传统文化和西方企业文化中的"养分"为己所用。其中有的借鉴儒家的"以义取利"和中庸思想，塑造企业的核心价值观，倡导和谐文化；有的吸收道家"道常无为而无不为"的思想，顺应发展规律，提升管理境界；有的借鉴法家"不法古、不循今"、"以功授官"（以业绩考核），建立了创新文化和用人之法；还有的借鉴兵家的"攻心为上"、"不战而屈人之兵"，建立自己的发展战略。

③ 从"追随附和"到"个性鲜明"的转变。企业文化的进步是促使企业管理者和员工思维创新的前提，也是引发管理变革的先决条件。有选择性地吸收国内外企业的管理理论和经验，不断加以完善，建立了独具特色的企业文化体系，其品牌理念和人文理念广受认同。

④ 从"单元建设"到"形成体系"的转变。由单一的安全文化、质量文化、诚信文化、创新文化等一系列子文化建设，到建立健全包括组织保障机制、载体支持机制、考核评价机制在内的企业文化体系，这使得企业文化建设更加科学化、规范化、系统化。

三、企业文化的特征

企业在特定的社会经济环境中生存和发展，自然会受到社会环境和时代精神的影响。一个好的企业文化必须凝聚时代的精华，具备鲜明的时代特色，能够站在时代前沿，引领企业发展。不同的企业其文化各有千秋，互不相同，透过众多的差异归纳出其共性的一面。企业文化具有独特性、继承性、相融性、人本性、整体性、创新性、可塑性七个基本特征，具体如下。

1. 独特性

企业文化具有鲜明的个性和特色，具有相对独立性，每个企业都有其独特的文化积淀，这是由企业的生产经营管理特色、企业传统、企业目标、企业员工素质以及内外环境不同所决定的。

2. 继承性

企业文化的继承性主要体现在对优秀的民族文化精华的继承，对企业的文化传统的继承，对外来企业文化实践和研究成果的继承。

3. 相融性

企业文化的相融性体现在它与企业环境的协调和适应性方面。企业文化反映了时代精神，它必然要与企业的经济环境、政治环境、文化环境以及社区环境相融合。

4. 人本性

企业文化是一种以人为本的文化，最本质的内容，就是强调人的理想、道德、价值观、行为规范在企业管理中的核心作用，强调在企业管理中要理解人、尊重人、关心人。注重人的全面发展，用愿景鼓舞人，用精神凝聚人，用机制激励人，用环境培育人。

5. 整体性

当前社会所讲的企业文化实质上是一个文化体系，是一个有机统一的整体，它涵盖了企业的一切文化。

6. 创新性

创新既是时代的呼唤，又是企业文化自身的内在要求。优秀的企业文化往往在继承中创新，随着企业环境和国内外市场的变化而改变。

7. 可塑性

企业文化的可塑性是指它的能动可变性，是企业文化继续被发展改造的可能性及完善空间。任何东西都是变化的、运动的，企业文化也是在实践中不断发展的，它需要当代人的继续创造和塑造。这要求我们在企业文化建设中要不断引进吸收先进的价值观念，使企业文化随着社会的进步而发展，以适应企业内外环境的变化。

四、企业文化的作用

企业要有优秀的文化，而优秀文化的发展过程也是激励员工、提高境界的过程，更是一种文明美德素养积累和提高的过程。

1. 凝聚力的作用

企业文化可以把员工紧紧地团结在一起，形成强大的向心力，使员工万众一心、步调一致，为实现目标而努力奋斗。企业文化的凝聚力来自企业根本目标的正确选择，选择一个集体与个人双赢的目标。否则，企业凝聚力的形成都只能是一种幻想。

2. 引力作用

优秀的企业文化，不仅对员工具有很强的吸引力，对合作伙伴以及社会大众都有吸引力。优秀的企业文化对稳定人才和吸引人才起着重要作用，例如在同样条件下，人们都愿意去一个文化氛围好的企业工作，这就是企业文化的引力作用。

3. 导向作用

企业文化就像一个无形的指挥棒，让员工自觉按照企业要求去做事，这就是企业文化的导向作用。企业的核心价值观与企业精神，发挥着无形的导向功能，让员工自发地去遵从，从而把企业与个人的意愿和愿景统一起来，促使企业发展壮大。

4. 激励作用

良好的工作氛围，自然就会让员工享受工作的愉悦，如果在一个相互扯皮、钩心斗角的企业里工作，员工很容易会产生消极的心理。企业文化所形成的文化氛围和价值导向是一种精神激励，能够激发员工的积极性、主动性和创造性，增强企业的整体执行力。

5. 约束作用

企业文化本身就具有规范作用，企业文化规范包括道德规范、行为规范和意识规范。当企业文化上升到一定高度的时候，这种规范就产生无形的约束力，它让员工明白哪些不该做、不能做。通过这些软约束提高员工的自我约束力，从而提高工作的责任感。

五、企业文化的结构形式

企业文化是由相互依存又相互作用的诸多要素结合而成的有机统一整体，认清不同要素在企业文化体系中扮演的角色和所处的地位，可以帮助我们弄清企业文化的"庐山真面目"。荷兰组织人类学和国际管理学教授吉尔特·霍夫斯塔德在其著作《跨越合作的障碍——多元文化与管理》开篇中论述：尽管不同时代、不同民族的文化各具特色，但其结构形式大体是一致的，即由各不相同的物质生活文化、行为习俗文化、制度管理文化、精神意识文化四个层级构成，如图 10-1 所示。

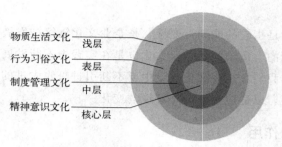

物质生活文化 ——浅层
行为习俗文化 ——表层
制度管理文化 ——中层
精神意识文化 ——核心层

图 10-1　企业文化的四个层次构成

1. 物质生活文化

物质生活文化是产品和各种物质设施等构成的文化，是一种以物质形态加以表现的表层文化。企业生产的产品和提供的服务是企业生产经营的成果，是物质文化的首要内容。企业的生产环境、企业容貌、企业建筑、企业广告、产品包装与设计等也是构成企业物质文化的重要内容。

2. 行为习俗文化

行为习俗文化是指员工在生产经营及学习娱乐活动中产生的活动文化，如企业经营、教育宣传、人际关系活动、文娱体育活动中产生的文化现象。包括企业行为的规范、企业人际关系的规范和公共关系的规范。企业行为包括企业与企业之间、企业与顾客之间、企业与政府之间、企业与社会之间的行为。

3. 制度管理文化

企业制度管理文化是企业为实现自身目标对员工的行为给予一定限制的文化，它具有共性和强有力的行为规范要求，它规范着企业的每一个人，主要包括企业领导体制、企业组织机构和企业管理制度三个方面。企业的制度管理文化是行为文化得以贯彻的保证。

4. 精神意识文化

企业的精神意识文化是用以指导企业开展生产经营活动的企业精神、经营哲学、管理理念、群体意识和价值观念等内容，它是以企业精神为核心的价值体系。

企业员工在长期的生产经营活动中逐步形成的，并经过企业家有意识地概括、总结、提炼而得到确立的思想成果和精神力量就是企业精神。它是企业优良传统的结晶，是维系企业生存发展的精神支柱，是由企业的传统、经历、文化和企业领导人的管理哲学共同孕育的，集中体现了一个企业独特的、鲜明的经营思想和个性风格，反映着企业的信念和追求，也是企业群体意识的集中体现。

六、企业文化的组成

1. 经营哲学

经营哲学也称企业哲学，是一个企业特有的从事生产经营和管理活动的方法论原则。它是指导企业行为的基础。一个企业在激烈的市场竞争环境中，面临着各种矛盾和多种选择，要求企业有一个科学的方法论来指导，有一套逻辑思维的程序来决定自己的行为，这就是经营哲学。

2. 价值观念

价值观念是人们基于某种功利性或道义性的追求而对人们（个人、组织）本身的存在、行为和行为结果进行评价的基本观点。可以说，人生就是为了价值的追求，价值观念决定着人生追求行为。价值观不是人们在一时一事上的体现，而是在长期实践活动中形成的关于价值的观念体系。

企业的价值观是指企业职工对企业存在的意义、经营目的、经营宗旨的价值评价和为之追求的整体化、个异化的群体意识，是企业全体职工共同的价值准则。只有在共同的价值准则基础上才能产生企业正确的价值目标。有了正确的价值目标才会有奋力追求价值目标的行为，企业才有希望。因此，企业价值观决定着职工行为的取向，关系企业的生死存亡。只顾企业自身经济效益的价值观，就会偏离社会主义方向，不仅会损害国家和人民的利益，还会影响企业形象；只顾眼前利益的价值观，就会急功近利，使企业失去后续竞争力。

3. 企业精神

企业精神是企业基于自身特定的性质、任务、宗旨、时代要求和发展方向，并经过精心培养而形成的企业成员群体的精神风貌。企业精神要通过全体职工有意识的实践活动体现出来。因此，它又是企业职工观念意识和进取心理的外化。

企业精神是企业文化的核心，在整个企业文化中起着支配的地位。企业精神以价值观念为基础，以价值目标为动力，对企业经营哲学、管理制度、道德风尚、团体意识和企业形象起着决定性的作用。可以说，企业精神是企业的灵魂。

企业精神通常用一些既富有哲理，又简洁明快的语言予以表达，便于职工铭记，时刻用于激励自己；也便于对外宣传，容易在人们脑海里形成印象，从而在社会上形成个性鲜明的企业形象。如王府井百货大楼的"一团火"精神，就是用大楼人的光和热去照亮、温暖每一颗心，其实质就是奉献服务；西单商场的"求实、奋进"精神，体现了以求实为核心的价值观念和真诚守信、开拓奋进的经营作风。

4. 企业道德

企业道德是指调整该企业与其他企业之间、企业与顾客之间、企业内部职工之间关系的行为规范总和。它是从伦理关系的角度，以善与恶、公与私、荣与辱、诚实与虚伪等道德范畴为标准来评价和规范企业。

企业道德与法律规范和制度规范不同，不具有强制性和约束力，但具有积极的示范效应和强烈的感染力，当被人们认可和接受后具有自我约束的力量。因此，它具有更广泛的适应性，是约束企业和职工行为的重要手段。中国老字号同仁堂药店之所以三百多年长盛不衰，在于它把中华民族传统美德融于企业的生产经营过程之中，形成了具有行业特色的职业道德，即"济世养身、精益求精、童叟无欺、一视同仁"。

5. 团体意识

团体即组织，团体意识是指组织成员的集体观念。团体意识是企业内部凝聚力形成的重要心理因素。企业团体意识的形成使企业的每个职工把自己的工作和行为都看成是实现企业目标的一个组成部分，使他们对自己作为企业的成员而感到自豪，对企业的成就产生荣誉感，从而把企业看成是自己利益的共同体和归属。因此，他们就会为实现企业的目标而努力奋斗，自觉地克服与实现企业目标不一致的行为。

6. 企业形象

企业形象是企业通过外部特征和经营实力表现出来的，被消费者和公众所认同的企业总体印象。由外部特征表现出来的企业形象称表层形象，如招牌、门面、徽标、广告、商标、服饰、营业环境等，这些都给人以直观的感觉，容易形成印象；通过经营实力表现出来的形象称深层形象，它是企业内部要素的集中体现，如人员素质、生产经营能力、管理水平、资本实力、产品质量等。表层形象是以深层形象为基础，没有深层形象这个基础，表层形象就是虚假的，也不能长久地保持。

7. 企业制度

企业制度是在生产经营实践活动中所形成的，对人的行为带有强制性，并能保障一定权利的各种规定。企业制度作为职工行为规范的模式，使个人的活动得以合理进行，内外人际关系得以协调，员工的共同利益受到保护，从而使企业有序地组织起来，为实现发展目标而努力。

8. 文化结构

企业文化结构是指企业文化系统内各要素之间的时空顺序、主次地位与结合方式，也就是企业文化的构成、形式、层次、内容、类型等的比例关系和位置关系。它表明各个要素的连接方式。

9. 企业使命

所谓企业使命是指企业在社会经济发展中所应担当的角色和责任。它是企业的根本性质和存在的理由，为企业目标的确立与战略的制订提供依据。

第二节 企业文化建设

企业文化建设是一项系统工程，是现代企业发展必不可少的竞争法宝。一个没有企业文化的企业是没有前途的企业，一个没有信念的企业是没有希望的企业。从这个意义上说，企业文化建设既是企业在市场经济条件下生存发展的内在需要，又是实现管理现代化的重要方面。为此，应从建立现代企业发展的实际出发，树立科学发展观，讲究经营之道，培养企业精神，塑造企业形象，优化企业内外环境，全力打造具有自身特质的企业文化，为企业快速发展提供动力和保证。

一、企业文化建设的目标、指导原则和主要任务

企业文化是企业的灵魂，是企业综合实力的标志，是企业凝聚和激励全体员工的精神内核，更是企业生存和发展的重要资源。企业文化应该成为支撑企业改革、调整、发展的文化，支撑全体员工事业信念的文化，支撑员工队伍素质不断提高的文化。

1. 企业文化建设的目标

企业文化建设是以企业家为核心的管理层通过积极的引导和塑造，把企业内各层次的亚文化有效整合为企业的主流文化，以充分发挥其激励、约束作用，并使之与外部环境相协调的过程，是一个不断创新的过程。在这个过程中，企业经济发展和战略目标得以实现，企业员工个人全面发展的需求不断满足。

实现企业文化建设的目标，企业家是主导；企业价值观的变革和提升是基础；形成能够激励创新，而其本身也能适时调整、创新的企业主流文化是根本；创建学习型、开放型组织是保证。

2. 企业文化建设的指导原则

（1）人本原则

"以人为本"是中国传统思想精髓之一，自古孔孟就极力推崇"仁爱"思想，推崇"仁政"，用"仁"的思想去统治天下，则民兴国昌。现代企业管理中，"以人为本"是指人作为企业管理的根本出发点，把做人的工作、调动人的积极性作为企业文化建设的重要任务。"以人为本"就是要树立平等观念，尊重员工人格、价值，充分信任员工、理解员工、激励员工，使员工发挥其主观能动性，最大限度地发挥他们的聪明才智，做到人尽其才，人尽其用。以人为本的企业文化建设，关系到企业能否实现自身利益的最大化。

坚持"以人为本"的企业文化建设原则，在实践过程中，应解决好以下两方面的问题：

① 正确认识人，充分重视人，把企业管理的重心转移到做人的工作上来。企业文化建设者必须高度重视其主体，重视企业员工素质的培养与提高，使企业文化的主体成为有高素养的文化人，成为关注自身与社会双重价值的现代企业人。

② 有效地激励人，最大限度地发挥员工的潜能，把员工培养成为自由发展的人。一是企业在发展过程中，应以物质机制为保证，建立相应的工资福利制度，保证一切关心企业、符合企业价值和企业精神、并为企业取得实际效益的员工及其行为得到尊重，同时获得相应的物质利益。二是企业管理过程中，完善民主管理制度，为员工创造良好的工作环境和发挥个人能力、实现个人抱负的条件，帮助员工进行个人职业生涯规划，满足员工物质和精神方面的需求。三是使企业员工的发展目标与企业发展目标统一。

企业"以人为本"的价值观无论是从企业、社会、员工来讲，都要始终围绕"人"来考虑，促成企业中的成员与企业整合成"命运共同体"，促使企业产品不断满足社会的需求。

（2）共识原则

"共识"指共同的价值判断及认同。它是企业文化的本质，只有做到企业文化价值与员工价值重叠共识才能做到双赢。这也是企业文化建设的核心所在。

企业文化的核心是精神文化，尤其是价值观。每一个员工都有其价值观，如果达不成共识，企业就可能成为一盘散沙，也就难形成整体合力；如果达成共识，企业员工之间就会产生凝聚力。在现代企业文化建设中达成共识的途径更多的是通过重叠共识的形式来实现的。所谓重叠共识，是指持有不同世界观、社会观和利益观的企业员工走到一个企业里来，在其基本价值及实践中表现出的精神，形成一个重叠的基本企业文化，后经一代代员工的努力而形成的自身固有的企业文化。

在营造共识的过程中，要充分发挥文化网络的作用。"文化网络"是企业文化的组成要素之一，是公司价值和英雄式神话的"载体"，是企业内部主要的但非正式的沟通手段。通过它，传递着企业所倡导的价值观以及反映这种价值观的各种趣闻、故事、习俗、习惯等，达到信息共享，以利于全员达成共识。在这个建设过程中要逐渐摒弃权利主义的管理文化，建立参与性的管理文化。权利主义的管理文化过分强调行政权威的作用，往往用计划、制度等手段对人们的行为实行强行约束，这不利于共识文化的成长。因此，只有打破权力至上的观念，实行企业必要的分权体制和授权机制，才能充分体现员工意识，促成企业共识文化的真正形成。

（3）目标原则

在管理学中，目标管理（management by objective，MBO）的概念最早由美国管理大师德鲁克提出。其核心是以人为中心，本质是一种系统性管理、调动性管理、参与性管理和结果性管理。

企业文化建设的目标原则，即要明确企业文化建设的目标和方向。有了明确的目标和方向，就可以依此确定相应的价值标准、企业哲学、企业精神、道德规范和行为方式等，并据此组织、动员职工为实现目标而努力奋斗。

（4）创新原则

创新是人们对事物发展规律认识的深化、拓展和升华，而不是随心所欲的主观臆想和标新立异。创新的目的在于探索新知、推动发展，其前提是必须有正确的思想方法、科学求实的态度、变革求新的勇气，因此，创新必须从实际出发，遵循事物发展的客观规律，必须把勇于探索的精神和科学求实的态度结合起来，必须尊重实践、尊重员工的首创精神。纵观现代企业，只有不断创新，才能在竞争中处于主动，立于不败之地。不断追求创新的企业文化，是企业生命力的源泉，是企业可持续发展的根本保证。

企业文化创新可以分为以下四个阶段。

第一阶段：公司高层管理人员制订并实施一种新的创意、新的经营理念。

第二阶段：企业全体员工将新的创意、新的经营理念运用到生产实践中去。

第三阶段：企业采用新措施后取得经营上的持续性的成功。

第四阶段：经过全体员工的努力，企业出现了创新成果。

企业创新必须全员参与，并且要按企业文化创新步骤来逐步实现，并不断发展。

3. 企业文化建设的主要任务

（1）树立企业核心理念

以树立和落实低成本战略的理念为重点，梳理、整合、宣传企业内部成熟的宗旨、精神、战略目标、核心价值观等企业文化理念，挖掘、整理、归纳、提炼各方面的管理理念，开展群众性企业文化实践活动，进一步丰富、完善公司理念系统。

（2）系统制订管理制度

以完善工作、内控制度体系为重点，推动理念与制度的融合，发挥理念对制度的导向和支撑作用，使制度切实体现理念的精神实质，并通过制度的执行使理念落到实处。

（3）严格执行规范要求

深入开展教育实践活动，结合化工行业《员工行为守则》的要求，细化员工岗位规范，推动职业道德评价体系的建立和完善；规范企业行为，完善文化活动的基本程序和工作制度。

（4）塑造优化外观形象

以推进企业视觉识别系统建设为重点，按照"先易后难、先外后内、循序渐进、逐步完善"的原则，规范企业基本标识，拓展标识应用范围，优化外观形象。

（5）建立健全保障机制

按照化工企业文化建设的要求，建立、健全企业文化建设的领导体制，不断完善组织机构、工作体系和运作机制，加快培养具有较高水平的企业文化建设和管理人才队伍，提供必要的经费，为企业文化建设的良性运行提供保障。

二、企业文化建设的方法及原理

企业文化建设的方法应该是具体的、可操作的，企业文化建设的效果应该是可以衡量的，企业文化建设应该是全员参与。

1. 企业文化建设方法

（1）理念层

① 评先树优，发挥榜样的带动作用。树立先进典型，给员工树立一种形象化的行为标准和观念标志，通过典型员工可形象具体地阐述"何为工作积极""何为工作主动""何为敬业精神""何为成本观念""何为效率高"，从而提升员工的行为。在企业文化形成的过程当中，领导人的榜样作用有很大的影响。

② 故事。有关企业的故事在企业内部流传，会起到促进企业文化建设的作用。

③ 引进新人，引进新文化。

（2）行为层

主要是通过一些具体性的活动加深员工对企业文化的理解。

① 晨会、夕会、总结会。以会议的形式宣讲公司的价值观念。

② 思想小结。定期让员工按企业文化的内容对照自己的行为，自我评判是否做到了企业要求，下一步该如何改进。

③ 权威宣讲。引入外部的权威进行宣讲是一种建设企业文化的好方法。

④ 外出参观学习。

⑤ 企业文化培训。这是企业文化建设过程中的一个非常重要的环节，及时通过培训帮助企业全员明确公司战略目标，更加系统有效地推动企业文化建设。

⑥ 各类文体活动。这些活动可以把企业文化的价值观贯穿进行。

（3）视觉层

① 张贴宣传企业文化的标语，发放印有企业文化和企业 LOGO 的生活用品，并将企业文化放在显要位置，进行潜移默化的影响。

② 网站建设。网站上进行及时的方针、思想、文化宣传。

③ 拍摄企业形象宣传片。

④ 创办企业报刊。企业报刊是企业文化建设的重要组成部分，也是企业文化的重要载体。企业报刊更是向企业内部及外部所有与企业相关的公众和顾客宣传企业的窗口。

2. 企业文化建设的原理

（1）麦肯锡 7S 模型

7S 模型指出了企业在发展过程中必须全面考虑各方面的情况，也就是说，企业仅具有明确的战略和深思熟虑的行动计划是远远不够的，在麦肯锡 7S 模型中战略、结构和制度被认为是企业成功的"硬件"，风格、人员、技能和共同价值观被认为是企业成功经营的"软件"，二者在企业文化建设中同样重要。

共享的价值观是成功要素的核心，企业以共享的价值观为核心整合其他组织要素。企业成员共同的价值观念具有导向、约束、凝聚、激励及辐射作用，可以激发全体员工的热情，统一企业成员的意志和欲望，齐心协力地为实现企业的战略目标而努力。

（2）联想"房屋论"

2001 年 4 月 12 日，曾任联想集团董事局主席兼总裁柳传志在哈佛商学院对联想案例进行最后点评时，提出了关于企业管理的"房屋论"。他认为企业的管理，好比一幢房屋，屋顶部分是运营层面的管理，包括研发策略、销售策略、生产方式等；墙壁部分包括物流、资金流和信息流的管理；而房屋的基石部分就是企业机制和企业文化。柳传志认为，正因为有了深厚的文化底蕴，才能任凭企业运营层面上的千变万化，经营策略的不停调整，最终也能成功并健康发展。

三、企业文化建设的步骤

在企业文化的建设上，有两种倾向：一是自然主义倾向。这种倾向认为，企业文化、企业理念是企业长期生产经营活动中自然形成的，企业没办法，也不应该进行人为的设计。另一种是主观主义倾向。这种倾向认为企业文化、企业理念就是人为的设计。这两种企业文化，在企业的运行中，前者导致企业文化建设中的"无作为"现象，一切凭其自然发展，缺乏明确的理论指导；后者导致企业文化建设中的"突击"现象，企业可以一夜之间设计出很响亮的理念、口号，也可以印刷出很漂亮的企业文化手册。这两种方法有一个共同的结果：在员工思想上，企业文化、理念都是空白。

正确的方法应该是两者的有机结合。严格来说，企业文化的建设过程就是企业生产经营活动全过程。也就是说，企业文化建设不能独立于生产经营活动之外独立进行。任何突击式的企业文化建设都不会收到好的效果。但是，企业文化、企业理念需要有目的的设计和引导，更需要有目的的宣传和培训。通过人为的主动提炼、设计和引导，能够使自然形成的文化理念明晰化，使员工对企业文化、理念的理解深刻化，认同彻底化。因此，正确处理文化、理念的自然沉淀和人为设计的关系，是企业文化建设的关键问题。

企业文化建设的步骤如下。

步骤一：诊断

诊断的方法和原理是：把企业中层以上干部集中起来，把公司的理念，逐句念出来，听完后，请大家将所能想到的代表这种理念的人物、事件说出来或写出来。如果大部分人都能联想到代表人物或事件，且事件相对集中，就说明企业的文化得到了大家的认同。但是，如果大部分人不能说出或写出代表性的人物或事件，就说明企业文化和企业理念没有得到员工的认同，就更谈不上对员工行为的指导作用。

步骤二：提炼与设计

第一步：从企业中找出 10 位从创业到发展全过程都参加的人，让他们每个人各讲 3 个故事。

第二步：把重复率最高的故事整理出来，进行初步加工，形成完整的故事。

第三步：找 10 个刚来企业一年左右的员工，最好是大中专学生，把整理好的故事讲给他们听。

第四步：把专家和有关企业领导集中起来，对记录的内容进行研究、加工，从中提炼出使用率最高的代表故事精神的词。这些词经过加工，就是企业精神或企业理念。

第五步：按照提炼出来的反映精神或理念的核心词，重新改编故事，在尊重历史的前提下，进行文学创作，写出集中反映核心词的企业自己的故事。

步骤三：强化与培训

首先，对全体员工进行企业文化培训；其次，树立和培养典型人物；再次，以企业文化理念与价值观为导向，制订管理制度。

必须明确的是，企业文化的形成在很大程度上要与企业的人力资源管理相结合，只有这样，才能将抽象的核心价值观通过具体的管理行为统筹起来，真正得到员工的认同，并由员工的行为传达到外界，从而树立起公司的外部形象。

四、化工行业特色子文化建设

作为化工行业，由于行业特征，在文化建设的过程中，应该更加注重于安全文化、环保文化、班组文化等子文化的建设。

1. 安全文化

化工企业具有诸多潜在的危险因素，安全生产的难度较大。生产过程的复杂性决定了只在安全管理上加大工夫是远远达不到化工企业的本质安全，要切实加强化工企业的安全文化建设。

企业的安全文化是由多方面组成的，它的系统组成主要包括了企业安全意识文化、企业安全教育文化、企业安全行为文化、企业安全制度文化、企业安全物质文化、企业组织文化、企业安全环境文化。而对于化工企业来说，可以从化工企业安全物质文化、化工企业安全行为文化、化工企业安全制度文化、化工企业安全观念文化来分析。建设企业安全文化是一个过程，这个过程中必须遵循以下原则。

（1）安全第一，预防为主的原则

化工企业对安全文化的建设，必须旗帜鲜明而又自始至终地树立"安全第一"的安全价值观念。"安全第一"指的是把安全生产工作放在企业各项工作的首位，当安全工作与其他工作发生矛盾时，必须首先解决影响安全生产的问题，确保安全生产。从企业文化建设的角度与原则来说，最重要的就是企业要把"安全第一"作为企业的安全价值观；而"预防为主"指的是安全生产的工作要立足于预防，消除事故隐患，将事故消灭于萌芽状态。

（2）参与原则

企业安全文化建设是一项综合性的系统工程，需要群策群力，所以要让全体员工参与企业安全管理，参与解决安全问题，参与安全管理的决策，必要时还应充分调动员工家属、子女参加企业安全管理活动。

（3）责、权、利相统一的原则

企业要把员工对安全的责任、应有的权利与做好安全工作的物质利益统一起来，并制订出衡量员工安全工作绩效的合理标准，把安全责任与职工的物质利益统一联系起来，调动员工参与安全管理的积极性。

（4）实事求是，注重实效的原则

企业安全文化建设是一个从低级向高级循序渐进的发展过程，其发展的程度与水平，取决于企业经营和管理的发展水平、领导者和职工的素质。因此，在企业文化建设具体实施过程中，必须尊重其发展规律，结合企业特点，实事求是，注重实效。

（5）坚持继承和变革的原则

企业的安全生产工作，总有其经验和精华，同时也有其不足之处。企业在安全文化建设中理性地分析、归纳、总结本企业安全生产工作的精华，并将其纳入企业安全文化建设规划的内容，并付诸实施，使其在新的企业安全文化体系中获得新的生命力。但随着社会的发展与外部环境和内部情况的变化，企业的安全工作又需要做出及时的调整和革新。

2. 环保文化

环境保护已经成为社会的人、社会的企业不可推卸的责任，企业在承担这份责任的同时，同样能受益于环保文化的积极作用。环保文化建设，是功在当代、利在未来的双赢创举，是企业实现可持续发展的有力工具。

环保文化不仅仅是企业污染控制和企业员工的环保意识，更强调环保系统在企业中的具体应用，即强调节约，强调资源的循环再利用，通过对主要生产中产生的废物、废料进行回收再加工生产副产品，达到环保目的并且增加企业收益，提升企业在同行业中的生存能力和竞争能力。

3. 班组文化

班组文化建设是企业文化的重要内容，对于培养班组成员爱企情怀、培养班组成员优良品德、班组精神，有着至关重要的作用。

班组文化建设要全面贯彻富有时代气息的现代企业经营理念。必须结合实际，依据班组的特点，确立如服务、管理、安全、质量等理念，才能形成具有班组特色的理念体系。

班组文化建设必须与企业发展战略目标相一致，必须服从于企业发展战略目标，以"人本管理"思想为指导，树立服务是宗旨，安全是基础，管理是重点，科技创新是灵魂，经济效益是中心的文化理念，全面落实科学发展观，建设一流的文化班组。

班组文化建设应大力发扬体现行业特征的优秀班组精神。班组精神，是班组成员共同价值观的集中体现，它是班组在长期生产经营实践中所形成的被班组全体成员所认同和自觉遵守的群体意识，是班组生存及发展的动力源泉。因此，班组精神是班组文化建设的核心内容。

班组文化建设还应积极塑造班组形象。班组形象是班组的信誉，是班组通过多种方式在社会上赢得的社会大众与班组成员的整体印象和评价，是班组参与市场竞争的一项无形资产。所以，班组文化建设应该全力树立良好的班组形象，全力塑造恪尽职守、敬业守纪的员工形象，大力创造和保持班组整洁优美的环境形象，积极营造班组科学文明与健康向上的文化氛围。

总之，班组文化建设要做到从长计议和统筹规划，重在建设，分步实施，注重循序渐进，并逐步检查，从而形成具有本班组显著特色的积极向上、健康生动的班组文化。

第三节　企业形象塑造

企业形象是指在企业价值观的指引下，企业为了适应消费者和社会大众的发展，按照自己一定的标准和要求，以企业价值观为基础的企业经营理念，通过自身行为和各种传达方式表现出来，使消费者和社会大众对企业形象有一个完好的评价与认同，并在此基础上对企业有着一个整体的看法和美好的印象，从而使企业创造出一种理想的经营理念。简单地说企业形象就是人们对企业的一种看法。

一、企业形象塑造的概念

企业形象塑造是指企业经营理念在视觉塑造要素上的具体化。是一个社会组织为了塑造自己的形象，透过统一的视觉设计，运用整体传达的方式，将组织的经营理念、企业文化和企业经营活动传递出去，以凸显企业的个性和精神，并通过与社会公众建立双向沟通的关系，从而使社会公众产生认同感和共同价值观的一种战略性的活动和职能。

二、企业形象塑造的意义和功能

良好的企业形象是一种无形的财富。树立良好的企业形象具有以下意义。

1. 从良好的内部形象来看

（1）促进企业内部的协调与合作

现代企业组织机构庞大，员工数量较多，要顺利发展，取得成功，关键在于能否统一企业与个人的目标，形成团结和谐的人际关系。

（2）增强员工的向心力和归属感

通过对员工的人文关怀，强化员工对企业的感情，使每一个员工都从心里真正把自己归属于企业，处处为企业的荣誉、利益着想。

（3）激发员工的工作热情和积极性

一个企业的兴衰成败，在很大程度上取决于全体员工是否具有积极进取的精神风貌。通过培养员工正确的价值观念，激发员工的工作热情和积极性，使员工的潜在能力充分发挥出来。

2. 从良好的外部形象来看

（1）传递企业信息

公众对企业是否产生好感和信任，前提是要对企业有深入的了解。因此在企业做出成就和贡献时，应及时与公众沟通，使公众对企业产生深刻的印象和好感，形成广为人知的良好社会形象。

（2）影响和改变公众的态度，创造有利的舆论环境

外部沟通过程实际上就是一个影响和转变公众态度的过程。企业既要保持和坚定那些持赞同和支持态度的人，扩大他们对其他公众的影响，也要重视对反对面态度的转化工作。

（3）沟通与公众的情感，表达企业的善意情感是形成态度的重要因素

企业的外部沟通要充分发挥公共关系感情沟通的作用。例如通过大众传播媒介向社会公众表达对同行业开业、周年纪念的祝贺，在节假日向公众表达亲切问候等，通过这些公共关系活动表达企业真诚的善意和美好的祝愿，表达对公众的尊重和关心，同时也增强公众对企业的信任和好感。

（4）协调外部社会关系，争取公众的理解和支持

企业在错综复杂的相互依存、相互影响的社会关系网之中，要善于利用良好的外部关系求得发展的成功。

三、企业形象塑造的内容

（一）企业文化理念层设计

企业文化理念层设计就是按照有关的程序总结、提炼或确定理念层的各个要素并表达出来，使之构成一个完整的理念体系。企业文化理念层的设计既是企业目标文化设计的首要任务，又是设计的重点和关键。

1. 企业目标与愿景

目标是组织或个人在一个时期内通过努力而获得的成果。企业目标是指在一定时期内，企业生产经营管理活动预期要达到的成效或结果。

企业愿景是指企业全体员工所接受和认同的共同愿景。设计和建立企业愿景的一般步骤是：把个人愿景作为共同愿景的基础，按照自下而上的顺序，反复酝酿不断提炼和充实，最后经过说服和沟通达成一致。

2. 企业价值观

企业价值观又称企业共同价值观或者群体价值观，是企业在创业和成长过程中形成的，为企业经营管理者和员工群体所持有的，对经营管理具有规范性作用的价值观念体系。

目前最为普遍的企业价值观包括五个基本要素：主题定位、社会规范、社会秩序和信念、实践方式、价值本位。

每个企业都具有自己独特的价值观，这些价值观的形成主要是受员工的个人价值观、企业家价值观、社会价值观等因素影响。因此在设计企业价值观的时候，应该坚持与企业最高目标相协调、与社会主导价值观相适应、充分反映企业家价值观与员工的个人价值观相结合的原则。具体设计步骤如下。

① 在分析社会主导价值观的基础上，根据企业的最高目标，初步提出核心价值观，并在企业决策层以及管理层和员工代表中进行反复的讨论。

② 确定企业的核心价值观以后，进一步酝酿提出企业的整体价值观体系。

③ 把企业价值观（体系）与企业文化各个层次的其他要素进行协调，并作文字上的提炼，形成全面、准确的企业价值观表述。

④ 在员工中广泛宣讲和征求意见，反复进行修改，直到被绝大多数员工理解和支持为止。

> 设计企业文化理念层应遵循的原则：实践性原则、个性原则、持久性原则。

3. 企业哲学设计

企业哲学必须要回答的基本问题是"企业与社会的关系"、"企业与人的关系"等，企业哲学属于企业观的一部分，主要来源于以下四个方面。

① 企业家自身的哲学思维，特别是其世界观、人生观和价值观；

② 企业英雄模范人物和优秀群体的世界观、人生观和价值观；

③ 多数员工共同的哲学思维和他们的世界观、人生观和价值观；

④ 社会公众的世界观、人生观和价值观等哲学思维及其他企业的经营哲学。

4. 企业经营理念设计

国内对"企业经营理念"的众多阐释，主要可以概括为广义和狭义两类。广义的企业经营理念泛指企业文化的理念层次，包括企业目标、价值观、企业精神、企业道德、企业作风、企业管理模式等。狭义的企业经营理念一般是指在企业哲学和企业价值观导向下，企业为实现最高目标而确定的经营宗旨、经营发展原则、经营思路等。

企业经营理念的设计步骤：首先确定企业经营理念的表达范围和重点；其次确定企业经营理念的表达结构；最后确定企业经营理念的表达内容，建立一个系统化的经营理念。

5. 企业管理模式设计

企业管理模式从企业管理理论的发展历史来看，大体分为经验管理模式、科学管理模式和文化管理模式。企业管理模式的设计中，要充分分析影响因素，比如企业价值观、工作形式和劳动结构、员工的群体结构和差异性、企业的组织形式、管理职能中控制职能的比例和方式、分配方式和报酬标准、冲突的宽容度、风险承受度、系统的开放度等内容。

企业管理模式的设计应该以工作价值观为导向，从企业实际出发。企业管理模式要与企业文化理念层的其他要素进行协调，建立与之相适应的企业制度体系，接受企业管理实践的检验，并在实践中不断完善。

6. 企业精神设计

设计企业精神，首先要尊重广大员工在实践中迸发出来的积极的精神状态，要恪守企业共同价值观和最高目标，不背离企业哲学的主要原则，要体现时代精神，体现现代大生产对员工精神面貌的总体要求。企业精神的设计方法主要有员工调查法、典型分析法、领导决定法、专家咨询法等。

7. 企业道德设计

企业道德规范体系要符合中华民族的优秀传统道德，符合社会公德及家庭美德、突出本行业的职业道德特点。企业道德设计一般分为以下五个步骤：

第一步，确定企业的行业性质，了解与本行业有关的职业道德要求，这是设计符合企业特点的道德体系的必要前提。

第二步，考察企业的每一类具体工作岗位，分析其工作性质及职责要求，在此基础上分别提出各类岗位最主要的道德规范要求。

第三步，汇总这些岗位的道德规范，选择出现频度最高的几条作为初步方案。

第四步，根据已经制订的企业目标、企业精神检查初步方案与已有理念是否符合，有无重复，不符合的要更正，重复的及时去掉。

第五步，在管理层和员工代表中征求意见，看看是否最能反映企业事业发展对员工道德的要求，并反复推敲后确定。

8. 企业作风设计

企业作风设计步骤是：对企业风气现状进行全面深入的考察；对企业风气现状进行认真区分；结合企业内外环境，确定独具特色的企业作风。

（二）企业文化制度行为层设计

企业文化制度行为层的设计包括企业的制度体系、企业风俗和员工行为规范。其中，企业制度体系由工作制度、责任制度和特殊制度三部分组成。制度行为层的设计要坚持充分传达企业理念、立足企业实际需要、由主及次分类制订、相互兼顾整体协调、刚柔并济、宽严有度、条理清楚、简明实用的原则。

1. 企业的制度体系设计

（1）工作制度

工作制度是指企业对各项工作运行程序的管理规定，是保证企业各项工作正常有序地开展的必要保证。工作制度具体有法人治理制度、计划制度、劳资人事制度、生产管理制度、服务管理制度、技术工作及技术管理制度、设备管理制度、劳动管理制度、物资供应管理制度、产品销售管理制度、财务管理制度、生活福利工作管理制度、奖励惩罚制度等。

设计工作制度时，应遵循现代化原则、个性化原则、合理化原则、一致性原则。大庆油田是新中国企业中较早建立岗位责任制的大型企业，他们的做法引起了许多企业的重视。后来，大河钢厂继承和发展了大庆油田岗位责任制的经验，创建了内部经济责任制，从岗位经济责任制、专业经济责任制，发展到纵横连锁的企业内部经济责任制网格体系，较好地解决了企业和员工的关系。

（2）企业责任制度

一般是按照责、权、利相结合的原则，将企业的目标体系以及保证企业目标得以实现的各项任务、措施、指标，层层分解，落实到单位和个人，全部纳入"包—保—核"的体系，这三个环节又称为责任制度的"三要素"。

包——就是采取纵向层层包的办法，把各项经济指标和工作要求，依次落实到每个单位、每个部门、每个岗位、每名员工身上。

保——就是纵向和横向实行互相保证。纵向指标分解后从下到上层层保证；横向把内部单位之间、岗位之间的具体协作要求，一件件落实到人。

核——就是对企业内部每个单位、每个岗位的每项"包"、"保"责任都要进行严格考核，并与其经济利益和奖惩挂钩。

企业责任制度的设计应该遵循责任分解要科学合理、公正公平的原则，注意发挥员工的主观能动性的原则，正确处理"包—保—核"关系的原则，正确处理责、权、利三者关系的原则。

（3）特殊制度

特殊制度是企业文化建设发展到一定程度的反映，是企业文化个性特色的体现。与工作制度、责任制度相比，特殊制度更能体现企业文化的理念层要素，它具体体现在以下几个方面。

① 员工民主评议干部制度。具体做法是定期由员工对上级进行评议，评议的结果作为衡量干部业绩、进行奖惩以及今后升降任免的重要依据之一。民主评议的内容主要包括工作态度、工作能力、工作作风、工作成效等方面。

② 干部"五必访"制度。"五必访"制度在一些企业里也叫"四必访""六必访"，指企

业领导和各级管理人员在节假日和员工生日、结婚生子、生病、退休、死亡时要访问员工家庭。

③ 员工与干部对话制度。员工与干部之间通过对话制度，相互加强理解、沟通感情、反映问题、交换意见、增进信任，是企业领导和各级干部与员工之间平等相待的体现，也是直接了解基层情况、改善管理的有效措施。在不同企业中，对话制度有不同的具体形式，常见的有：企业领导干部定期与员工举行座谈会的制度、厂长（经理）接待日制度、厂长（经理）热线电话制度。

以上是一些常见的特殊制度，企业在自己的核心价值观和经营管理理念的指导下，可以设计出更多、更有效的特殊制度。

2. 企业风俗设计

企业风俗是指企业长期相沿、约定俗成的典礼、仪式、行为习惯、节日、活动等，如歌咏比赛、体育比赛、集体婚礼等。与企业制度不同，企业风俗不表现为准确的文字条目形式，也不需要强制执行，完全依靠习惯、偏好的势力维持。企业风俗由精神层所主导，又反作用于精神层。

3. 员工行为规范设计

员工行为规范是指企业员工应该具有的共同的行为特点和工作准则，具有明显的导向性和约束性，通过倡导和推行，在员工中形成自觉意识，起到规范员工的言行举止和工作习惯的效果。员工行为规范的设计主要坚持一致性原则、针对性原则、合理性原则、普遍性原则、可操作性原则、简洁性原则。根据企业运行的基本规律并参考很多企业的实际，员工的行为规范大体包括：仪容仪表、岗位纪律、工作程序、待人接物、环卫与安全、素质与修养等方面。

（三）企业文化视觉层设计

1. 企业标识设计

企业标识是通过造型简单、意义明确的统一标准的视觉符号，将经营理念、企业文化、经营内容、企业规模、产品特性等要素，传递给社会公众，使之识别和认同企业的图案和文字。企业标识是视觉形象的核心，它构成企业形象的基本特征，体现企业内在素质。企业标识不仅是调动所有视觉要素的主导力量，也是整合所有视觉要素的中心，更是社会大众认同企业品牌的代表。它具体包括以下几个方面。

（1）企业名称设计

设计企业名称是注册新企业时的必要步骤，也是老企业二次创业、塑造崭新企业形象的需要。企业名称要秉承个性、名实相符，体现民族性、简易性的设计原则。

（2）企业标志设计

企业标志一般是企业的文字名称、图案记号或两者相结合的一种设计。标志具有象征功能、识别功能，是企业形象、特征、信誉和文化的浓缩，一个设计杰出的、符合企业理念的标志，会增加企业的信赖感和权威感，在社会大众的心目中，它就是一个企业或一种品牌的代表。企业标志要具有艺术性、持久性、适应性的特点。

（3）企业标准字设计

标准字指的是将企业的规模、性质与经营理念，通过文字的可读性、说明性的特征，创造独特风格的字体，以达到企业识别的目的，并以此塑造企业形象，增进社会大众对企业的认知度。

标准字的设计原则：易辨性原则、艺术性原则、协调性原则、传达性原则。

（4）企业标准色设计

企业指定某一特征的固定色彩或一组色彩系统，运用在所有视觉传达设计媒体上，通过色彩具有的直觉刺激与心理反应，以突出企业经营理念、产品特质、塑造和传达企业形象。企业标准色要充分反映企业理念、具有显著的个性特点、符合社会公众心理。

2. 企业环境设计

良好的企业物质环境，不仅能够给置身其中的员工以美的享受，使他们心情舒畅地投入工作，而且能够反映企业的文化品位。物质环境设计包括：企业所处的自然环境、建筑布局和建筑风格、厂房的装修和布置、办公室设计、建筑雕塑等等。

企业自然环境与建筑布局、建筑风格设计应该坚持功能分区原则、经济高效原则、整体协调原则、风格传播原则。

厂房是指工业企业的生产车间及辅助用房。厂房布局设计要符合技术和工艺特点、符合员工的生理要求、符合员工的心理特征。

办公室设计主要包括办公用房的规划、装修、室内色彩灯光音响的设计、办公用品及装饰品的配备和摆设等内容。办公室设计的三个目标：经济实用、美观大方、独具品位。在任何企业，办公室布置都因其使用人员的岗位职责、工作性质、使用要求等不同而有所区别。

3. 企业旗帜、服装、歌曲设计

企业旗帜、服装、歌曲等是企业文化符号中最能引起人们感官注意，也是最能够给人留下鲜明深刻印象的部分。重视企业旗帜、服装、歌曲等的设计，是建设独具特色的企业文化不可缺少的内容。企业旗帜一般用于企业参加对外活动或者内部会议、集会、活动时，作为引导、展示、宣传之用。企业之歌通常都是专门为一个企业而创作和谱写的，因此企业之歌设计，也就成为企业文化符号层设计应有的内容。企业之歌的创作应该反映企业文化、易学易懂、昂扬向上。

企业服装是指企业为员工配发的服装。按照功能，企业服装可以分为工作服（如传统的夹克工作服、白大褂等）、礼服（如西服套装、中山装）、休闲服（如运动服、T恤衫）。企业服装设计，狭义仅指对每种特定用途企业服装的款式设计；广义则指对企业服装的整体规划、设计与管理。企业服装设计以满足工作需要为第一原则、以反映企业文化作为重要目的、以美观大方作为基本要求。

4. 企业文化传播网络设计

企业文化符号层中，文化传播网络与企业文化的其他载体相比，具有更突出的传播功能。在通常情况下，企业文化传播网络存在两种形式：一种是正式网络，如企业创办的刊物、报纸、闭路电视、有线广播、宣传栏、内部局域网等；另一种是非正式网络，如企业内部非正式团体的交流、小道消息。全面的企业文化传播网络设计，包括对前者的建立和维护，以及对后者的调控和引导。

（1）企业报刊设计

企业报刊又称厂报、厂刊，是企业自行创办的内部刊物。正式的企业报刊，往往需要经过上级宣传主管部门批准。企业报刊发行范围主要限于本企业内部。企业报刊既是企业文化内部传播的主要载体，又兼具向外界辐射的渠道功能。

① 企业报刊的内容要求：符合党和国家的各项路线、方针、政策，遵守国家和地方的法律法规；充分反映企业理念的要求，努力服从和服务于企业经营理念这一中心工作，体现企业的个性和特色；坚持群众办报办刊的原则，立足广大员工，照顾不同员工的素质和需要，做到引导员工与满足员工相统一；企业报刊要重视版式设计，在一段时间内，报刊的版式一般应保持相同的风格。

② 企业报刊的分类：企业报刊按照报刊形式可分为企业刊物和企业报纸；按照内容可分为综合性报刊和专门性报刊；按出版时间分为定期报刊和不定期报刊；按照批准创办的机关不同分为内部正式报刊和非正式报刊。

（2）企业广播电视设计

企业的广播电视是指按照有关规定或经上级主管部门批准，企业自行开办的有线广播、闭路电视节目。企业广播、电视是企业正式文化传播网络的重要渠道之一，它们与报刊相比，信息传播及时，内容更加丰富生动，一般适用于规模较大的企业。

（3）企业员工手册设计

员工手册是由企业印制的，员工人手必备的日常工作资料。其内容有：企业概况、企业文化、员工行为规范及与员工有关的其他各项政策、制度和规定等。

员工手册的设计原则：要反映企业文化，内容充实，方便查询。

（4）企业网站设计

自从国际互联网出现以后，许多先进企业，特别是信息产业的一些企业纷纷建立自己的网站，使得企业文化传播网络家族增添了一名新成员。随着计算机网络技术的发展，企业网站不但可以实现企业报刊、广播、电视、宣传栏、广告牌等传统的企业文化传播网络的全部功能，而且可以克服上述形式的各种缺陷，综合它们的几乎全部的优点。但是，随着网络黑客的出现，企业网站设计要更加注重于网络安全和网络维护。

四、企业形象塑造的原则

企业形象是企业表现自我形象，与社会进行沟通的重要方面，也是企业参与国际国内竞争的基础。要建立良好的企业形象，必须遵循以下三个方面的原则。

（1）整体性原则

企业要将企业理念识别、企业视觉识别、企业行为识别看作一个整体。

（2）竞争性原则

企业应当尊重创造、崇尚创造，在塑造组织形象时不能一味地模仿别人。

（3）简单化原则

突出实用性，尽力缩短受众对企业组织形象接受和认知的时间。

练习题

一、思考题

1. 什么是企业文化？

2. 企业文化的特点和作用各是什么？

3. 企业文化的结构形式是怎样的？

4. 企业文化由哪几部分组成？

5. 为什么要建设企业文化？

6. 企业文化建设的原则和步骤各是什么？

7. 如何塑造企业形象？

8. 塑造企业形象需要坚持哪些原则？

二、案例分析

以瑞星集团企业文化建设为例，你认为该如何去建设一个企业的文化？

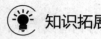 **知识拓展**

瑞星集团企业文化建设

1. 瑞星集团企业文化建设的实践和探索

瑞星集团文化建设是在继承瑞星集团优良传统和作风的基础上，积极吸收借鉴国内外现代管理和企业文化的优秀成果，不断培育核心价值理念、加强制度文化建设、提升企业形象，建设具有鲜明时代特征和瑞星特色的企业文化，为建设"百年瑞星，千亿企业"提供文化支撑和精神动力。

（1）瑞星集团企业文化建设原则

源于实践，指导实践；继承传统，注重创新；突出共性，兼容个性。

（2）瑞星集团企业文化建设步骤

第一步：领导重视，文化立企。

第二步：全员参与，凝练精华。

第三步：形式多样，强化宣传。

第四步：建塑体系，长效执行。

2. 瑞星集团企业形象塑造的实践和探索

瑞星集团秉承"内外兼修"的原则，坚持内强素质，外树形象，建立了良好的企业形象。在内功方面，瑞星集团形成了以使命愿景和核心理念为纲领的企业文化体系，并成为广大员工内化于心、外化于行的共同准则，做到"心的一致"。在对外形象塑造方面，瑞星集团坚持外部形象与企业使命、愿景、精神、核心价值观相统一的原则，做到"行的一致"。

（1）统一企业厂区 VI（Visual Identity）系统

瑞星集团在 VI 系统设计中，采用了以蓝色和黄色为主色调，其中，蓝色是天空的色彩，象征和平、安静、纯洁、理智，代表了环保、健康与和谐；黄色是阳光的色彩，象征光明、希望、高贵、丰收，代表着科技、进步、光明。蓝黄搭配，色彩对比和谐，代表着经过辛劳付出的农民得到了回报。这种色调的统一，实现了集团下属企业的形象统一。

（2）统一企业品牌标示系统

瑞星的 LOGO 代表着瑞星的光荣与理想，是瑞星团队的标志、精神的升华、光荣的历史和灿烂的明天。公司标识的空白与蓝色的弧线构成字母 R，闪烁的黄色星是字母 X，瑞星两个字的拼音首字母 R 与 X 构成瑞星标志的主体。在标志主体下面，写有瑞星集团的中、英文标识，最终形成一个完整的整体，象征着宇宙空间中高速飞驶的科技之星划出的美丽曲线，既体现了瑞星的快速发展和超越时代的进步，又体现了瑞星广阔的发展空间与博大的胸怀。集团目前所有产品包装、员工工作服、安全帽、办公楼、宣传画册全部统一使用集团 LOGO 标志，展现一种规范的企业形象。

（3）统一企业宣传形象

集团专门成立党群工作部负责集团形象片的制作，设计集团统一的宣传手册，并在文字表述、设计风格方面都与集团形象保持一致。

3. 瑞星集团企业职工文化特质的塑造与提升

瑞星集团文化建设的初衷就是要提高员工的素养，将全员的思想和行动统一到集团的发展战略上来。为此，集团以文化建设为桥梁和纽带，全面提升员工的文化特质和素养。

（1）建立多层次、现代化的文化载体

① 瑞星集团投资建设了企业内部电视台，将公司内部发生的新闻、重要活动、先进模范事迹等内容，及时传递到每一个生产岗位。

② 内部报纸《时代瑞星》，在完成集团信息报道的同时，更注重为员工搭建一个学习交流、展现自我的舞台。这种传统媒体是一种文化的展现，它们是文化塑造和传播的根基，在企业文化塑造的初期发挥了不可替代的作用，更是广大员工凝聚合力、统一思想的有力法宝。

③ 公司先后建立了自己的官方微信（rxjt_gfwx）、官方网站（www.rxjt.co）、手机客户端，让广大员工，无论何时何地都能了解到企业发展动态，将员工与企业紧密联系在一起。

（2）建立全员覆盖、终身参与的学习体系

企业文化建设不是一蹴而就的工作，同样，对于文化的学习也不是一次性的简单诵记，它是伴随员工终身的一个塑造、执行的学习过程。瑞星集团从企业发展实际和战略规划出发，组织成立了瑞星商学院，并规划实施了全员覆盖的文化学习，提炼了"学以致用，人皆为师"的学习理念，形成了"培训是员工的最大福利"的广泛认同，极大地激发了员工学文化、学技能的热情。

4. 瑞星集团有关企业文化的核心理念

① 发展理念：一家人，一条心，一盘棋，一百年。

一家人是指生活一家人，在生活上，瑞星集团会时时刻刻为员工着想，解决员工的后顾之忧。另外瑞星的全体员工之间也紧密团结，互敬互爱像一家人一样。

一条心是指思想一条心，即瑞星员工在思想上保持高度一致，认同公司文化、理念及核心价值观，并以此作为行动的指引。

一盘棋是指工作一盘棋，即瑞星员工在工作上听从指挥，能够从大局出发，放弃个人的一己私利，公司上下一盘棋。

一百年是指发展一百年，一百绝不是一个确定的数字，而代表了永久，一百年意味着瑞星集团要成为百年老店，要基业长青。

② 经营理念：诚信为本，互惠共赢。

③ 管理理念：以人为本，规范高效。

④ 成长理念：企业与员工共成长，收获与付出等价值。

⑤ 安全理念：安全是天，生命无价。

⑥ 成本理念：精细运营，降耗增效。

⑦ 人才理念：文化识人，因才用人，工作育人，事业留人。

选人：以德为先，以才为上；用人：汰弱留强，以能用人；育人：内修外补，以需育才；留人：公平透明，事业留人。

⑧ 学习理念：学以致用，人皆为师。

⑨ 服务理念：环环皆为服务链，人人皆为服务者。

⑩ 环境理念：关爱环保，绿色发展。

第十一章 市场营销管理

随着全球经济一体化步伐的加快和我国市场经济的发展，市场营销作为一门科学越来越受到人们的重视，在我国经济和社会生活中的作用也越来越重要。对于作为独立经济实体的企业，如果没有擅长于市场营销的人才，以科学、现代化的营销手段来"做生意"，企业的产品和服务就很难顺畅地销售出去，甚至有可能出现滞销，进而危及企业的生存，因此，要做好企业管理，必须做好市场营销管理。

通过本章学习，你将能够：

1. 了解市场营销的观念；了解宏观环境因素和微观环境因素对营销的影响；了解确定目标市场的条件；了解网络营销的概念及特点。

2. 掌握市场营销的概念；掌握市场营销环境的概念；掌握 SWOT 分析的技能；掌握市场细分的依据及方法，掌握目标市场选择的标准和方法；掌握目标市场的含义及营销策略；掌握市场营销的策略；掌握网络营销的策略。

3. 学会市场定位；学会制作市场营销方案。

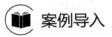 案例导入

营销究竟是个什么事儿

超市售货员说："营销就是把超市的货品卖给顾客。"水果摊摊主说："营销就是如何赚钱。"集市上的大妈说："营销就是我篮子里的鸡、鸭、鱼。"大企业老板说："营销就是买卖。"老教授说："营销跟需求有关。"古董店的老板说："营销是一门艺术。"社会学家说："营销就是为满足社会和消费者的需求所采取的一种手段。"给营销下一个老少皆宜的定义并不是一件容易的事。不过这不要紧，那些五花八门的答案已经勾勒了营销的大体轮廓：顾客、超市、货品、钱、买卖、需求、手段。

对此，请谈一下你对营销的看法。

第一节　市场营销概述

一、市场

我们通常所说的市场包括传统狭义的市场和现代营销的市场。

1. 传统狭义的市场

市场是商品交换的场所。它主要是强调商品交换的地点，如"超市""集市"等。

2. 现代营销的市场

市场是消费者的需求。它包含人口、购买力、购买欲望三个因素，这三个因素相辅相成，缺一不可，其中人口是决定性的因素。

二、市场营销的基本概念和相关概念

1. 市场营销的基本概念

市场营销是指个人或组织以顾客的需求为出发点，综合运用各种战略与策略，把商品和劳务整体地销售给顾客，尽可能满足顾客需求，并最终实现企业自身目标的经营活动。简而言之，市场营销就是"有利益地来满足需要"。

2. 市场营销的相关概念

（1）需要、欲望与需求

人类的需要、欲望与需求是市场营销活动的出发点。所谓需要是指没有得到某些基本满足的感受状态。欲望是指人们希望得到的更深层次需求的满足。需求是指对于有能力购买并且愿意购买的某个具体产品的欲望。

（2）产品、价值和交换

① 产品：广义的产品可表述为能够满足人们需要和欲望的任何东西。从表现形式看，产品分为有形物品和无形物品两大类，人们通常把前者叫作产品，把后者叫作服务。但从实际效果看，无论有形物品还是无形物品，满足人们需要的都是服务。

② 价值：凝结在或者说物化在商品中的人类劳动，就是商品的价值。

③ 交换：是指通过提供某种东西作回报，从别人那里取得所需物品的行为。当人们决定通过交换来满足自己的需求和欲望时，市场营销就开始了。

（3）用户、客户、顾客与消费者

用户、客户、顾客与消费者是指对某种商品或劳务占有、使用并从中受益的团体或个人，都是市场营销者的营销对象。但由于他们对商品的使用和接受形式不同，所以又有所区别。

市场营销的三个要点：

出发点——顾客的需求；手段——各种战略和策略；目标——满足顾客需求和实现自身目标。

三、市场营销观念的发展

1. 生产观念

生产观念是指导企业市场经营行为的最传统的观念之一。这种思想盛行于 20 世纪初，它存在的条件是物质生活匮乏，生产产量小，商品供不应求，这极大地刺激了企业追求产量的积极性。但是一味追求产量就会导致供过于求，出现产量越大，积压越多，亏损越严重的情况。

2. 产品观念

产品观念流行于 20 世纪 30—40 年代。在生产效率不断提高，物质产品不断丰富，人们已经摆脱了商品匮乏的时代，开始追求高质量、高性价比的产品。购物行为从抢购，到"一慢二看三通过"、"货比三家。"企业的主要任务是"提高产品质量，以质取胜"。

 案例

文件柜制造商与客户的误会

有一个文件柜制造商对客户说："我生产的文件柜是最好的、最结实的，你把它从楼上扔下去，它仍然会完好无损。"客户说："我相信你的话，但是我买文件柜是用来存放文件的，并不打算把它从楼上扔下去。"文件柜制造商哑口无言。

3. 推销观念

这一经营观念产生于 20 世纪 20 年代末至 50 年代初。企业逐渐重视广告术、推销术和市场调查，逐渐关心产品销售，而不像过去那样只是关心产品的质量。例如，20 世纪 30 年代，美国汽车开始供过于求，每当顾客走进商店汽车陈列室，推销人员会笑脸相迎，主动介绍各种汽车的优越性能，有的甚至使用带有强迫性的推销手段促成交易。

4. 市场营销观念

市场营销观念是一种新型的企业经营观念。这种观念是以满足顾客需求为出发点的，其指导思想是"顾客需要什么，企业就销售什么，市场能销售什么，企业就生产什么"或"生产消费者的需求"。

 案例

我国某家电行业的老板在一次外地考察时路遇一农村的老大爷，老大爷得知对方的身份后，便告诉该老板，该公司所生产的洗衣机有严重的质量问题，每次洗完东西放污水时，污水很容易堵住排水口。该老板将信将疑，为弄清楚问题所在，于是便随老大爷回到了其家中，结果发现老大爷将半袋地瓜倒入洗衣机中进行清洗，很快，污泥便堵住了排水口。对此，随行的很多人员不以为然，但是该老板却认为，满足顾客的需求是企业义不容辞的责任，告别老大爷回到公司总部后，该老总马上组织人力进行该项目的攻关，半年之后，该公司的"大地瓜"洗衣机研制成功。

5. 社会市场营销观念

这是 20 世纪 70 年代以来发达国家最先奉行的营销观念。社会营销观念认为，关心是否满足消费者需要及消费者长远利益和社会长远利益的企业，将越来越受到消费者的欢迎。企业能否吸引并保住大量的消费者，其关键不仅在于满足消费者的眼前需求，而且还应顾及个人及社会的长远利益，如图 11-1 所示。

图 11-1　社会营销观念图

 案例

汉堡包快餐行业提供了美味可口的食品，但却受到了批评，原因是汉堡包虽然可口却没有营养；汉堡包脂肪含量太高，餐馆出售的油煎食品和肉馅饼都含有过多的淀粉和脂肪；出售时采用方便包装，导致了过多的包装废弃物。在满足消费者需求方面，这些餐馆损害了消费者的健康，同时污染了环境，忽略了消费者和社会的长远利益。

第二节　市场调查与预测

面对复杂多变的国内外市场新环境以及科学技术不断进步带来的社会大变革，企业的生产经营活动离不开市场调查与预测，一方面企业利用科学手段获取的信息在企业运营中创造经济价值，另一方面企业信息的外部效应产生的社会价值使信息成为整个社会的财富和资源，也成为共享经济重要的"新基础"。

一、市场调查

市场调查是现代企业开展经营活动的基础，是了解市场的重要手段，它为市场预测和经营决策提供重要依据，为制定正确的营销策略提供可靠信息。因此，搞好市场调查对改善企业经营，提高决策的科学水平具有重要意义。

1. 市场调查的内容

市场调查的内容十分广泛，企业从决定生产某种产品，直到产品到达消费者手中的整个过程，都需要开展市场调查，收集大量的信息资料，作为企业生产和营销的依据。

（1）市场环境的调查

市场环境调查是指对影响企业生产经营活动的外部因素所进行的调查。它是从宏观上把握企业运营的外部影响因素及产品的销售条件等方面展开的调查。主要包括政治环境、经济环境、社会文化环境、自然地理环境、企业竞争环境等。

（2）市场需求的调查

市场需求是指一定的顾客在一定的地区、一定的时间、一定的市场营销环境和一定的市场营销计划下对某种商品或服务愿意而且能够购买的数量。通过市场需求的调查可以更好地把控产品的市场容量和市场占有率，以便企业及时调整生产和经营策略。

（3）消费者的调查

消费者的调查是针对消费者的需求和消费行为的调查，消费者的需求是企业一切活动的中心和出发点，因此对消费者及其消费行为的调查是市场调查的核心。调查的主要内容包括现有顾客的数量及情况、消费者的购买欲望和购买动机、消费者的购买习惯以及影响消费的各种因素，如消费者的收入、受教育程度、消费习惯等。

（4）竞争对手调查

竞争对手调查主要是对竞争对手的数量、资源、规模、市场占有率、产品的质量、价格、售后服务、新产品开发等情况进行调查。

2. 市场调查的方法

市场调查法是企业组织有关人员进行市场调查分析，确定促销效果的方法。具体包括问答法、观察法和实验法。

（1）问答法

问答法是将所要调查的事项以当面、书面或电话的方式，向被调查者提出询问，以获得所需要的资料，它是市场调查中最常见的一种方法，具体分为面谈调查、电话调查、邮寄调查、留置询问表调查四种。

（2）观察法

观察法是指调查人员直接到现场观察收集有关资料的一种方法。采用观察法进行市场调查的形式多种多样，不但可以由调查人员肉眼观察而且还可借助摄像机、照相机等仪器进行观察。

（3）实验法

实验法是通过实验比较来获取市场信息资料的一种调查法。它通常用于某一商品在改变品质、包装、设计、价格等因素时使用。

3. 市场调查程序

市场调查程序指了解、记录、整理及分析市场情况的活动顺序与步骤。它通常包括确定调查的问题、制订调查计划、调查实施、分析调查数据、编写调查报告 5 项内容。

二、市场预测

市场预测就是在市场调查获得的各种信息和资料的基础上，通过分析研究，运用科学的预测技术和方法，对市场未来的商品供求趋势，影响因素及其变化规律所做的分析和推断。市场预测是企业制定经营计划，作出市场决策的需要。

 案例

根据我国《史记》记载，春秋时期著名的政治家、军事家、经济学家范蠡在辅佐勾践灭吴复国以后，即弃官经商，移居到了陶城，与儿子在这里做起了买卖，没多久钱财便以千万计，成为天下首富，因而被后人尊称为"商圣"。他的商场建树取决于他懂得市场预测，"论其存余不足，则知贵贱，贵上极则反贱，贱下极则反贵。"正是他根据市场上商品的供求情况来预测商品的价格变化的主张。

1. 市场预测的内容

市场预测的内容十分广泛，根据企业经营决策的需要，市场预测具体分为市场容量及变化的预测、市场价格变化的预测、生产发展及其变化趋势的预测三个方面。其中，市场容量及其变化预测又可分为生产资料市场预测和以消费者购买力、商品需求构成、商品需求变化及其发展趋势为预测方向的消费资料市场预测。

2. 市场预测的方法

市场预测的方法很多，按照不同的标准可划分为不同的类型。

（1）按预测的范围

① 宏观预测法：指对国家或某地区市场需求、供求情况、发展变化趋势等市场总体发展变化的预测。

② 微观预测法：指对单一企业、某种商品的市场需求及其发展变化趋势的预测。

（2）按预测的性质

① 定量预测法：定量预测是利用比较完备的历史资料，运用数学模型和计量方法，来预测未来的市场需求。定量预测基本上分为两类，一类是时间序列模式，另一类是因果关系模式。

② 定性预测法：根据个人的经验和知识，凭个人的主观判断来预测今后市场发展趋势的方法。通常包括顾客意见法、专家意见法、集体讨论法、管理人员评议预测法等。

第三节　市场营销环境

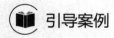 引导案例

某服装店老板在确定开店地址时，面临着这样的选择：是开在还没有服装店的街上，还是开在已经有许多服装店的街上。如果是前者，其有利之处是没有同行的竞争者，独此一家，由于没有竞争者，到这条街上购买服装的顾客都会光临这个店，但同时也存在着这样的问题，由于服装店太少，顾客的选择空间小，顾客很可能在一家店中买不到他所需要的服装，所以他就有可能不来这条街上买服装，而转向其他选择余地多的街上购买。独家经营，尽管没有竞争者，但顾客也会比较少。如果店开在服装店较多的街上，尽管顾客可能会在任何一家店购买，其他的同行会抢走许多生意，但由于来这条街买服装的顾客多，即使只有其中一部分顾客光临此店，业务量也会不少。

一、市场营销环境的含义

市场营销环境就是企业营销职能外部不可控制的因素和力量，这些因素和力量是影响企

业营销活动及其目标实现的外部条件。任何企业都必须生存于一定的环境中，企业的营销活动不可能脱离周围环境而孤立地进行。

二、市场营销环境的构成

1. 微观营销环境

微观营销环境是指与企业的营销活动直接发生关系的组织和行为者的力量及其他因素的总和，主要包括企业本身、供应商、营销中介、顾客、竞争者和社会公众几个部分。

（1）企业本身

主要是指企业营销部门与其他部门之间在组织结构上的相互关系。营销部门在开展工作时必须考虑与公司其他部门的协调，例如，他们在制订营销计划和开展市场营销活动时，将受到采购、生产等部门的影响。如果没有采购、生产等部门的保障，企业营销部门将会变成"无米之炊"，因此这些部门的相互关系构成了企业最直接的营销环境。

（2）供应商

供应商是指向企业及其竞争者提供生产产品和服务所需"原材料"的企业和个人。供应商和企业的生产协作以及密切的配合对企业营销管理的绩效有着很大的影响。例如：供应商提供材料的质量、数量及交货的时间会直接影响到企业生产的顺利进行。因此企业在寻找和选择供应商时要注意：

① 企业必须充分考虑供应商的资信状况；

② 企业必须使自己的供应商多样化。

（3）营销中介

营销中介是协助企业促销和分销其产品给最终购买者的个人或组织，它包括中间商、物流配送公司、市场营销服务机构以及财务中介机构。大多数企业的营销活动都必须通过它们的协助才能顺利进行。

（4）顾客

顾客是企业的目标，是有效提供商品和劳务的服务对象，顾客的需求是企业经营活动的出发点和归宿。

（5）竞争者

一般说来，企业面临四种不同层次的竞争者：愿望竞争者、平行竞争者、产品形式竞争者、品牌竞争者。企业的营销活动是在竞争者的包围和制约下进行的。为此，企业应关注市场发展趋势，及时掌握竞争者的动向。

（6）社会公众

社会公众是指对企业实现营销目标的能力具有实际或潜在利害关系和影响力的团体或个人。它一般包括企业内部公众、金融公众、媒体公众、政府公众、社区公众等。

2. 宏观营销环境

宏观营销环境主要是指影响市场营销的外部因素，主要包括人口环境、经济环境、政治法律环境、自然环境、科学技术环境、社会文化环境。

（1）人口环境

人口是构成宏观市场环境的第一要素。人口环境是指人口的规模、密度、地理分布、年龄结构、性别结构、家庭结构、民族结构、职业结构以及其他相关情况。

（2）经济环境

经济环境是指企业营销活动所面临的外部经济因素，如消费者收入与支出状况、经济发展状况等，其运行状况及发展趋势会直接或间接对企业营销活动产生影响。它包括消费者收入与支出状况、消费支出模式和消费结构及社会经济发展等内容。

（3）政治法律环境

一个国家的政府在政治环境中扮演着重要的角色，影响着每一个企业。政府经济政策直接决定着当地市场经济的状况。例如在改革开放之前的宏观经济时代，市场经济是很难有立足之地的。

法律法规作为国家意志的体现，对企业行为有着直接的影响，主要体现在三个方面：

① 保护企业间的公平竞争；

② 保护消费者利益；

③ 保护社会的整体利益和长远利益。

（4）自然环境

自然环境是指影响企业生产和营销的物质因素，如矿产资源、森林资源、土地资源、水利资源等。

（5）科学技术环境

科学技术是社会生产力新的和最活跃的因素，作为营销环境的一部分，技术环境不仅直接影响企业内部的生产和经营，还同时与其他环境因素互相依赖、相互作用，特别是与经济环境、文化环境的关系更为紧密。

（6）社会文化环境

社会文化是一个社会的民族特征、价值观念、生活方式、风俗习惯、伦理道德、教育水平、语言文字、社会结构等的总和。文化会因国情而不同，也会随着时代潮流变化和发展。企业在营销活动中必须了解和深入研究不同的文化形式，努力适应不同的社会文化环境。

三、市场营销环境的基本特点

1. 客观性

任何企业都是在特定的内外部环境下生存、发展。这种环境是客观存在、不以任何人的意志为转移，具有强制性与不可控性。

2. 差异性

市场营销环境的差异性不仅表现在不同的企业受不同环境的影响，还表现在不同的国家或地区之间，营销环境也存在着广泛的差异。

3. 相关性

市场营销环境是由很多因素组成的系统，系统中的各个影响因素是相互依存、相互作用和相互制约的。某一环境因素的变化，会引起其他因素的互动变化。

4. 多变性

构成市场营销环境的要素繁多，且容易变动，每一种要素的变化都可能引起整个市场营销环境的变化。

四、市场营销环境与企业的关系

1. 分析市场营销环境是企业营销活动的基础

企业的市场营销活动是在复杂的市场环境中进行的。成功的企业经营者，都十分注重市场调查以及分析市场营销环境。忽视对市场营销环境分析，通常会使企业在生产经营活动中遭受影响和冲击。例如，美国曾被称为"车轮上的国家"，其发达的汽车工业曾使无数的美国人引以为荣。20 世纪 70 年代初期发生了石油危机，由于美国汽车巨头们的反应迟钝，在能源趋紧的环境条件下，依然生产着体积大、高能耗的传统汽车，而日本企业却适时地研制出小型节能汽车，成功占领美国国内汽车市场的"半壁江山"。

2. 市场营销环境分析有利于企业寻求新的市场营销机会

市场环境中的环境威胁和营销机会恰似一枚硬币的两面，一面的存在以另一面的存在为前提，且在一定条件下可以相互转化。如果企业不注重对市场环境的分析，它失去的不仅是新的市场营销机会，而且可能遭到变化了的市场环境的威胁。

五、市场营销环境的分析方法——SWOT 分析法

SWOT 是分析营销环境常用的方法之一。它是由美国哈佛商学院著名管理学教授安德鲁斯在 20 世纪 60 年代初提出的，是通过全面分析企业外部环境变化和内部资源条件，寻找外部环境变化和内部资源条件的满意战略组合的一种分析方法。

SWOT 是："优势（Strengths）""弱势（Weaknesses）""机会（Opportunities）""威胁（Threats）"四个英文单词的第一个字母的缩写。企业通过 SWOT 分析法，可以结合环境对自身的内部能力和素质进行评价，弄清楚企业的优势和劣势，帮助企业制订竞争战略。

1. 企业的优势（S）

企业的优势是指企业相对于竞争对手来说所具备的优势，是竞争对手难以模仿的，且能提高企业竞争力的能力。它一般包括：技术优势、产品优势、品牌优势、渠道优势、资金优势、人力资源优势等。

2. 企业的劣势（W）

企业的劣势是指影响企业经营效率和效果的不利因素和特征，它们使企业在竞争中处于劣势地位。主要表现在：缺乏具有竞争力的技术、资金短缺、设备老化，产品线下调、管理不善等。

3. 企业的机会（O）

企业的机会是指市场营销环境给企业带来的有利条件和发展机会。包括迅速增长的市场需求、进入新市场的壁垒减少、开发新的消费者群体、在本行业的竞争力增强、政府出台有利政策等。

4. 企业的威胁（T）

企业的威胁是指营销环境的变化给企业带来的威胁。它包括竞争对手的实力增强、新的竞争者进入行业、替代产品抢占市场、市场增长速度下降、不利的政府政策等。

如表 11-1 为某房地产企业的 SWOT 分析。

表 11-1　某房地产企业的 SWOT 分析

	有利条件(机会)	不利因素(威胁)
外部环境	①商务写字楼市场需求潜力大 ②企业拟开发的地段处于本市规划中的中央商务区范围内,具备良好的升值潜力 ③政府对开发商务用房较为支持,有优惠政策	①房地产企业受宏观经济因素影响大,波动性强 ②商品住宅市场趋于饱和 ③房地产项目融资困难 ④市场竞争激烈、本企业知名度不高
	企业优势	企业劣势
内部环境	①企业管理能力、市场应变能力强,发展势头平稳 ②领导班子团结,中层干部能力强 ③设计人员素质高 ④具有较强的质量意识	①企业整体规模不大,属于中小型开发企业 ②首次涉足商务用房市场,开发经验欠缺 ③项目资金不足

第四节　市场细分

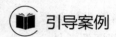 引导案例

女性啤酒市场细分

一项调查显示,近 3 年来,我国各大城市中时常有饮酒行为的女性人数正在以每年 22％的速度增长,各种国产的、进口的、专门针对女性的酒类品种已达几十种。据一位啤酒经销商介绍,由于饮酒的女性数量增长很快,各种女性酒近来不断上市。燕京啤酒集团推出了无醇啤酒,吉林长白山酒业也推出了“艾妮靓女女士专用酒”,此外还有哈尔滨泉雪啤酒有限公司推出的有保健功能的含“肽”啤酒,也主打营养概念,抢占女性啤酒市场。业内专家介绍说,目前国内市场上的各种女性酒大约有 40 种,预计还会有更多类似的酒出现。

案例中啤酒市场的细分标准、细分方法、细分步骤各是什么?

一、市场细分的概念、类别和作用

1. 市场细分的概念

市场细分的概念是美国市场学家温德尔·史密斯（Wendell R. Smith）于 20 世纪 50 年代中期提出来的。所谓市场细分就是按照一定的基础和变数,把整个市场细化成不同的消费者群。每个细分的消费者群内部都具有较高程度的同质性,而与其他的消费者群则存在明显的差异性。例如,某公司经过系统的市场调查后发现,占人口 12％左右的“左撇子”在市场上很难买到称心如意的商品,针对这一情况,他们创办了“左撇子”用品公司,不仅方便了“左撇子”,也恰当地抢占了市场的空白点,给自己带来了巨大的经济效益。

2. 市场的种类

根据不同的市场细分标准,可以将市场分成不同类别的子市场。通常我们所说的市场细分是根据消费者对产品的基本要求进行的细分,细分后的市场主要包括以下两类。

① 同质市场:消费者对某一产品的要求基本相同或极为相似。如火柴、白糖等。

② 异质市场：消费者对某一产品的要求不尽相同。绝大多数的产品市场都是异质市场。

3. 市场细分的作用

市场细分是现代企业从事市场经营活动的重要手段，它是企业选择目标市场，并制订市场营销战略的前提与基础。如果对市场不进行深入的分析与识别，呈现在企业面前的市场将是一个浑浊的整体。因此市场细分对企业来说有着很重要的作用。

① 有利于企业分析、发掘新的最好的市场机会。

所谓市场机会是指市场上客观存在的未被满足的或者未被很好满足的消费需要。

② 有利于帮助企业制订灵活的竞争策略，增强企业竞争能力。

通过市场细分后，企业可以直观、系统、准确地了解目标市场的需求，有针对性地选择一个或几个细分市场进行营销策略的设计，突出企业产品特征和服务特色。

③ 有利于企业合理使用资源，增强企业竞争力，提高营销效益。

企业在细分市场的基础上，根据主观条件，针对细分市场消费者需求特点，集中使用企业拥有的人力、物力、财力等资源，避免分散力量，从而取得较好的营销效益。

二、市场细分的依据

市场细分要依据一定的细分变量来进行，消费者市场的细分变量主要包括地理变量、人口变量、心理变量和行为变量等四类，见表 11-2。

表 11-2　消费者市场细分的依据

细分标准	细分变量因素
地理变量	国家、地区、城市、乡村、沿海、山区、城市规模
人口变量	性别、年龄、国籍、种族、民族、宗教信仰、职业
心理变量	社会阶层、生活方式、个性
行为变量	购买动机、购买时机、购买频率、使用数量、偏爱程度

1. 地理变量

我国地域辽阔，处于不同的地理位置的消费者对于同一商品的偏好和需求各不相同，对价格、渠道、促销宣传等方面的反应也不同。例如，在取暖需求方面，北方居民所需求的保暖设施对南方居民来说就缺乏吸引力。

2. 人口变量

人口变量是以人口统计变量，包括性别、年龄、国籍、种族、民族、宗教信仰、职业、受教育程度、收入和家庭状况等为基础来细分市场。例如，以年龄为标准细分市场，可以把市场细分为老年市场、中年市场、青少年市场和婴儿市场等。

3. 心理变量

心理变量是按照消费者的个性、气质、性格、兴趣、价值观、需求层次和生活方式等来细分市场的。例如，企业可以将消费者的性格分为外向型和内向型，性格外向、感情容易冲动的消费者往往好表现自己，因而他们喜欢购买能表现个性的产品；性格内向的消费者则喜欢大众化，往往会购买比较平常的产品。

4. 行为变量

行为变量是体现需求差异的外在因素，企业也能按照消费者购买行为的各种规律，如购买时机、购买数量、购买频率、购买习惯以及对服务、价格、渠道、广告的敏感程度等来细分市场。例如，按购买动机细分市场时会发现，有的消费者追求物美价廉，有的追求社会声誉，有的则追求商品的使用方便。随着市场经济的迅速发展，商品的不断丰富，消费者收入水平的提高，这一细分标准也越来越被重视。

三、市场细分的原则和步骤

1. 市场细分的原则

市场细分有很多方法，但是并非每一种方法对所有的商品都有效。为保证细分后的市场能成为企业制订有效的营销策略的基础，企业在进行市场细分时，必须把握以下原则。

（1）差异性原则

差异性是指原各细分市场的消费者对同一营销组合方案会有差异性反应，如果不同细分市场的顾客对产品需求差异不大，那么企业也没有必要对市场进行细分。

（2）可收益性原则

企业细分的市场应该具有一定的规模和市场潜力，使企业能够获取足够的利润。例如，家具企业如果利用身高进行市场细分，选择专门为身高 2 米以上的消费者生产特大型家具，那么这个细分市场就比较小，不具备可收益性。

（3）可衡量性原则

可衡量性是指细分市场的规模和购买力要能估测衡量。有些细分变数令人捉摸不定，难以衡量和测算，因此最好不要作为细分依据。例如买车，有的人优先考虑性能，而有的人更偏向考虑价格，在细分市场中如何界定这两种人的范围就很难具体衡量。因此，单单以此细分市场并不一定有效，应该借助更多资料来进行精确的分析。

（4）有效性原则

有效性原则又称规模和范围适当原则，即细分出来的市场，其规模和范围要能使企业从中得利。如果细分出来的市场规模太小，远低于企业发展潜力所能达到的范围，该细分就对企业无效；但如果细分的市场规模太大，是企业能力所不能及的，则会因企业的资源和能力有限而不足以满足过大市场的顾客需求，如勉强为之，其结果很可能是得不偿失。

2. 市场细分的步骤

一般来说，市场细分程序主要由以下七个步骤组成。

（1）确定产品的市场范围

确定产品的市场范围是指要对细分哪一种产品或服务的整体市场以及要在哪一区域内进行细分这两个前提加以界定。例如在饮料行业，企业所要细分的市场可能是碳酸饮料市场，可能是果汁饮料市场，可能是营养滋补饮料市场，也可能是不加区分的所有饮料市场；其细分的区域可能是一个城市，可能是华南地区，也可能是全国乃至更大。

（2）列出潜在顾客的基本需求

根据细分标准，比较全面地列出潜在顾客的基本需求，作为深入研究的基本资料和依据。

（3）分析潜在顾客的不同需求，初步划分市场

根据上一步所列举的潜在顾客的需求，进行抽样调查，向不同的顾客了解上述需求哪些

对于他们更加重要。对于小朋友，外观可爱，富含有利于他们成长所需成分的饮料可能更受欢迎；对于年轻人符合潮流的饮料可能更受欢迎。

（4）移去潜在顾客的共同需求

潜在顾客的共同需求固然很重要，但是只能作为设计市场营销组合的参考，不能作为市场细分的基础。比如，对于饮料这一商品，干净、卫生几乎是每一个潜在顾客的需求，企业可以把它作为产品决策的重要依据，但在市场细分时则要移去。

（5）为细分市场定名字

根据有效市场细分的条件，对所有细分市场进行分析研究，根据细分市场的核心需求，分别给予不同的名字，以便区分和识别。

（6）复核

进一步对细分后选择的子市场进行调查研究，充分认识各细分市场的特点，本企业所开发的细分市场的规模、潜在需求等方面。

（7）评估各细分市场的规模大小

通过对细分市场的规模评估，可度量出市场潜在的消费者群体的大小，这是企业是否值得进入细分市场的重要依据。如果细分市场规模太小，企业进入可能难以获得期望利润；反之，细分市场如果太大，企业也要估量利用自身的人力、物力、财力是否可以满足这一市场。

第五节　目标市场、市场定位与市场营销策略

一、目标市场

1. 目标市场的含义

目标市场是企业营销活动所要满足的市场，是企业为实现预期目标要进入的市场。它是在市场细分的基础上，根据自身能力确定为之服务的最佳子市场。

2. 目标市场应具备的条件

① 该市场有一定的规模和发展潜力。

② 企业有进入该市场的能力。市场发展前景再好，规模再大，竞争再小，如果企业因为自身的发展理念、资源、技术等原因无法满足该市场的需求，企业就应该主动放弃。

③ 企业在该市场拥有竞争优势。

3. 目标市场营销策略

它主要包括集中市场营销策略、差异市场营销策略、无差异市场营销策略。

（1）集中市场营销策略

企业在市场细分的基础上，集中力量进入一个或少数几个细分市场，实行专业化生产和销售，力求在一个或几个市场占有较大市场份额。它的优点是有利于企业集中资源，进行专业化生产经营，节约成本和费用；缺点是"所有的鸡蛋放在一个篮子里"，一旦市场发生变化，整个企业将陷入困境。

（2）差异市场营销策略

企业在市场细分的基础上，根据自身的资源及实力选择若干个细分市场作为目标市场，并为此制订不同的营销计划。它的优点是能适应与启发消费者的需求，针对性强，风险分散，有利于提高市场占有率；缺点是成本高。

（3）无差异市场营销策略

企业把整体市场看作一个大的目标市场，不进行细分，用一种产品、统一的市场营销组合对待整体市场。它的优点是不需市场细分，节约成本；缺点是不能使所有顾客满意。如美国可口可乐公司在 20 世纪 60 年代以前相当长的时间内，实行无差异营销策略，以单一口味的品种、单一标准的瓶装和统一的广告宣传用语，长期占据世界饮料市场相当大的份额。

二、市场定位

1. 市场定位的含义

市场定位是指通过确定企业产品的形象特色，为产品在市场上确定适当的位置。它主要是依据产品的质量、价格、功能、服务、规格、技术水平等来进行市场定位，其中最主要的两个依据是质量与价格。

2. 市场定位的策略

（1）避强定位

指企业力图避免与实力最强的或较强的其他企业直接发生竞争，而去寻找新的尚未被占领但有潜在市场需求的位置，填补市场上的空缺，为本企业产品确定市场位置。它的优点是能迅速在目标市场立足；缺点是意味着企业放弃了最佳的市场位置。

（2）迎头定位

指企业为占据较佳的市场位置，不惜与市场上占支配地位的、实力强于自己的竞争对手发生正面竞争，从而使自己的产品进入与之相同的市场位置。它的优点是通过竞争来提高自己的知名度；缺点是竞争太大。

（3）重新定位

指定位不准确或虽然开始定位得当，但随着市场情况发生变化时，产品销售受到影响时所进行的再次定位。

📖 案例

某餐饮连锁企业在经营多年后，发现在年轻人群体中的市场份额逐渐下滑。为了重新获取市场份额并满足年轻消费者的需求，该企业决定进行市场重新定位。

该企业进行了市场调研，分析了年轻人的消费习惯和偏好。调研结果显示，年轻人更加注重健康饮食、个性化选择和社交性体验，该企业决定重新定位自己为"健康时尚快餐连锁店"。他们开始调整菜单，增加了更多种类的素食、无麸质和有机食品选项，以满足健康饮食的要求。同时，他们还推出了一些特色主题餐厅，如打卡拍照体验、音乐主题等，以吸引年轻人群体进行社交消费。

他们重新设计了店面装修风格，注重时尚和环保元素的融入；重新设计了品牌标识和包装，以突出产品的健康和时尚特色；还通过社交媒体平台展开了多渠道的宣传活动，与年轻人建立更紧密的连接。

随着这一系列改变的实施，该企业成功吸引了更多年轻消费者的关注和选择。市场重新定位提升了该企业在年轻人群体中的品牌认知度和市场份额，为企业带来了更多的商机和收益。

3. 市场定位的步骤

① 选择目标市场。

② 分析影响市场定位的因素。如竞争对手的定位情况、自我的竞争优势等。

③ 制订并优化市场定位方案。

三、市场营销策略

1. 产品策略

产品策略是市场营销的核心策略，它是指企业为了在激烈的市场竞争中获得优势，在生产和销售产品时所采取的一系列措施和手段。它具体包括产品的品牌策略、产品的包装策略、新产品的开发策略等。

2. 定价策略

定价策略是指企业借用价格手段来销售商品和服务的策略。它具体包括折扣定价策略、地区性定价策略、心理定价策略、新产品定价策略等。

3. 营销渠道策略

营销渠道是产品从生产者手中传递到消费者手中所经过的各中间环节连接起来的通道。营销渠道的成员主要有企业、中间商（包括批发商和零售商）、消费者或用户，根据营销过程中是否有中间商，营销渠道分为直接渠道和间接渠道。

4. 促销策略

促销策略是企业为达到扩大销售的目的所采取的一种营销策略，它通过人员推销、广告、营业推广（赠送促销、折价券、抽奖促销、批发回扣、免费旅游、年终分红等）和公共关系等各种促销方式，向消费者或用户传递产品信息，引起他们的注意和兴趣，激发他们的购买欲望和购买行为。

5. 人本促销

人本促销是指企业在市场营销过程中，本着"消费者是上帝"、"以消费者为本"的原则所采取的营销策略。它具体表现如下。

① 生产消费者所需要的产品而不是卖自己所能制造的产品。

② 要研究消费者的收入状况、消费习惯以及同类产品的市场价位。

③ 销售的过程在于如何使消费者快速便捷地买到该产品。

④ 谋求与消费者建立长久不散的关系。

第六节　网络营销

随着计算机在我国的大量普及，互联网给我们提供了一个强大、有效的传递信息的空间，使网络营销比传统营销具有更强的传递信息的能力。传统的营销方法在一定程度上会受到距离的约束，但通过互联网可以完全不考虑空间和距离的因素，远在天边与近在咫尺都变成了理论上的距离。现在几乎所有企业都在为公司的网络营销做计划。企业如何做好网络营销呢？这就需要企业管理者对网络营销有一定的理解。

一、网络营销的概念和特点

网络营销是通过互联网进行市场推广活动，其突出特点就是利用互联网作为实现交易的主要手段，是现代社会中低成本、高效率的商业模式之一。

网络营销作为新的营销方式和营销手段来实现企业营销目标，它的内容非常丰富。一方面网络营销要针对新兴的网上虚拟市场，及时了解和把握网上虚拟市场消费者的特征和消费者行为的变化，为企业在网上开展营销活动来实现企业经营目标；另一方面网络具有传统渠道和媒体所不具备的独特的特点，如信息交流自由、开放和平等，而且信息交流费用非常低廉，信息交流渠道既直接又高效，因此在网上开展营销活动，必须改变传统的营销手段和方式。正因为如此，使得网络营销呈现以下特点。

1. 跨时空

营销的最终目的是占有市场份额。互联网使得脱离时空限制达成交易成为可能，企业有更多的时间和空间进行营销，可随时随地提供全球的营销服务。

2. 多媒体

互联网络被设计成可以传输多种媒体的信息，如图像、文字、声音等信息，更能充分发挥营销人员的创造性和能动性。

3. 超前性

互联网络是一种功能强大的营销工具，它同时兼有渠道、促销、电子交易、互动顾客服务以及市场信息分析等多种功能。

4. 高效性

电脑存储的信息量很大，可随时供消费者查询，并且能很快地更新产品，变动价格，高效全面地满足顾客的需求。

5. 经济性

通过互联网络可以进行虚拟的交换来代替实物的交换，有助于减少印刷与房租的费用，有助于节约水电和人工成本等。

二、网络营销的职能

网络营销的基本职能包括信息发布、网站推广、销售促进、网上销售、网上调研五个方面，这也是网络营销的主要内容。

1. 信息发布

网络营销的基本思想就是通过各种互联网手段，将企业营销信息以高效的手段向目标用户、合作伙伴、公众等群体传递，因此信息发布就成为网络营销的基本内容之一。

2. 网站推广

获得必要的访问量是网络营销取得成效的基础，尤其对于中小企业，由于经营资源的限制，发布新闻、投放广告、开展大规模促销活动等宣传机会比较少，因此通过互联网手段进行网站推广的意义显得更为重要，这也是中小企业对网络营销更为热衷的主要原因。

3. 销售促进

市场营销的主要目的是为最终增加销售提供支持，网络营销也不例外，各种网络营销的方法大都直接或间接具有促进销售的效果。

4. 网上销售

网上销售是企业销售渠道在网上的延伸，一个具备网上交易功能的企业网站本身就是一个网上交易场所，网上销售渠道建设并不限于企业网站本身，还包括建立在专业电子商务平台上的网上商店，以及与其他电子商务网站不同形式的合作等。

5. 网上调研

网上调研不仅为制订网络营销策略提供支持，也是整个市场研究活动的辅助手段之一，合理利用网上市场调研手段对于市场营销策略具有重要价值。

三、网络营销策略

1. 网络营销的产品策略

（1）产品性质

在网络上销售的产品，按照产品性质的不同，可以分为两大类：即实体产品和虚体产品。

实体产品是指具体的、物理形状的物质产品。

虚体产品是无形的，即使表现出一定形态，也是通过其载体体现出来的，但产品本身的性质和性能必须通过其他方式才能表现出来。一般在网上销售的这种类型产品包括软件和服务。

（2）产品质量及式样

由于网络营销已经突破了时间和空间的限制，因此产品的质量不能让网络购买者亲身体验和所知。同时由于网上消费者的个性化需求，网络营销产品的式样必须要个性化。

（3）产品品牌和包装

在网络营销中，品牌在营销策略中是很重要的，要想在大量的信息中获得消费者的关注，必须拥有明确醒目的品牌。

2. 网络营销的定价策略

企业进入网络来销售自己的商品时就把主要目标定位在占领市场，求得生存发展机会，其次才是追求利润。所以现在网络营销商品的定价一般都是低价甚至是免费，目的是在迅猛发展的网络市场中寻求立足之地。网上产品的价格具有它自己的特点，即价格水平趋于一致、非垄断化、趋低化、弹性化及智能化。

（1）低价位定价

网络中销售的商品的定价低，还有着成本费用降低的基础，因为互联网发展可以从诸多方面来帮助企业降低成本费用，从而使企业最大限度降低价格来满足顾客的需求。因此如果企业的商品定价过高或者降价空间范围很小的情况下就不要把它放在网上销售。

（2）顾客主导定价

所谓顾客主导定价，是指顾客通过充分市场信息来选择购买或者制定生产自己满意的产品或服务，同时以最小代价获得这些产品服务。简单讲就是顾客的价值最大化，顾客以最小成本获得最大收益。顾客主导定价的策略主要有顾客定制生产定价和拍卖市场定价。

（3）免费价格策略

在网络营销中，免费价格不仅仅是一种促销策略，它还是一种非常有效的产品和服务定价策略。企业在网络中采用免费价格策略，是让用户免费使用形成习惯后再开始收费。

3. 网络营销的渠道策略

网络营销渠道的功能是多方面的。首先，它是信息发布的渠道，产品的质量、种类、价格、信息等都可以通过网络营销渠道告诉用户；其次，它是销售产品、提供服务的便利途径；再次，它是企业间洽谈业务、开展商务活动的场所，是客户进行技术培训和售后服务的途径，并且还是与用户交流的渠道。

4. 网络营销的促销策略

网络促销活动的形式有四种，分别是网络广告、销售促进、站点推广和关系营销。其中网络广告和站点促销是网络营销促销的主要形式。

 练习题

一、思考题

1. 什么是市场营销？
2. 现代市场营销有哪些观念？
3. 比较传统市场营销与现代市场营销观念的根本区别是什么？
4. 市场细分的原则、依据和步骤各是什么？
5. 有效的市场细分必须具备哪些条件？
6. 举例说明市场细分的作用？
7. 目标市场营销策略包含哪些内容？
8. 市场定位的含义和策略各是什么？
9. 市场营销的策略有哪几种？
10. 网络营销有何特点？
11. 网络营销的职能有哪些？

二、案例分析

某新进入化妆品市场的小型企业市场调查的结果如表 11-3 所示。

表 11-3　某新进入化妆品市场的小型企业市场调查的结果

需求者类别		购买化妆品意向	
需求者	市场满足度	购买意向	市场满足度
儿童	√	滋润皮肤	√
青少年	√	防晒、防裂	√ √

续表

需求者类别		购买化妆品意向	
需求者	市场满足度	购买意向	市场满足度
中青年	×	有营养、无刺激	√
中老年	×	祛雀斑、粉刺	√
老年	×	增白、洁面	× ×

注：√表示满足，×表示未满足。

试用本章所学知识来分析：该企业应占领什么市场，才有利于企业生存与发展？

三、实训题

实训目的：了解市场营销在我国的现状

实训要求：

① 随机调查你身边的同学或朋友，了解他们对于市场营销的看法，并纠正其中的错误观点。

② 随机调查学校周围的商店，了解它们的经营中是否运用了市场营销手段。

③ 运用网络，了解市场营销在我国企业中的运用情况。

要求：将学生进行分组，每组分别进行一项内容的调查。实训结束后，各组交流调查信息。

 知识拓展

老字号福牌阿胶的数字化营销突围之路

1. 精心策划，打造营销组合拳

福胶集团在不断变革、创新中保持稳步向前，利用精准营销、深度运营及品牌孵化的强大能力，延展产品生命周期丰富产品价值，并在消费文化及国货趋势等方面潜心研究，推出了首款应用阿胶即食关键技术，减糖、降脂、控卡的全新福胶即食阿胶糕，将产品做到了减糖80％、降脂50％、控卡20％。

面对年轻消费人群的多元需求，品牌除了要努力打造好产品质量，还要不断给消费者带来更好的视觉体验。以往的传统滋补品，由于包装保守老气、不够上档次，让当代年轻人难以拿得出手。聚焦市场趋势，福胶集团全新升级品牌形象，以更精美、更年轻、更国潮的姿态，打破传统滋补品认知，在传递品牌理念的同时，也触及了消费者的审美偏好和精神追求，迅速引起了消费者的注意。

2. 强劲实力，荣获行业认可

福胶集团是阿胶行业内唯一拥有国家级非遗技艺和国家级非遗传承人的"双非遗"企业，独家传承了流传千年的东阿镇"贡胶"技艺，通过四十九道严苛工法，十六代师徒一脉相传，确保国家级非遗技艺代代相传。不仅仅得到业界对于福胶集团的认可，也使其品牌识别度和品牌力的稳步提升，更彰显了福胶集团在新一轮竞争中领跑行业的硬核营销实力。

附录　工作场所职业卫生管理规定

（中华人民共和国国家卫生健康委员会令　第 5 号）

第一章　总　　则

第一条　为了加强职业卫生管理工作，强化用人单位职业病防治的主体责任，预防、控制职业病危害，保障劳动者健康和相关权益，根据《中华人民共和国职业病防治法》等法律、行政法规，制定本规定。

第二条　用人单位的职业病防治和卫生健康主管部门对其实施监督管理，适用本规定。

第三条　用人单位应当加强职业病防治工作，为劳动者提供符合法律、法规、规章、国家职业卫生标准和卫生要求的工作环境和条件，并采取有效措施保障劳动者的职业健康。

第四条　用人单位是职业病防治的责任主体，并对本单位产生的职业病危害承担责任。

用人单位的主要负责人对本单位的职业病防治工作全面负责。

第五条　国家卫生健康委依照《中华人民共和国职业病防治法》和国务院规定的职责，负责全国用人单位职业卫生的监督管理工作。

县级以上地方卫生健康主管部门依照《中华人民共和国职业病防治法》和本级人民政府规定的职责，负责本行政区域内用人单位职业卫生的监督管理工作。

第六条　为职业病防治提供技术服务的职业卫生技术服务机构，应当依照国家有关职业卫生技术服务机构管理的相关法律法规及标准、规范的要求，为用人单位提供技术服务。

第七条　任何单位和个人均有权向卫生健康主管部门举报用人单位违反本规定的行为和职业病危害事故。

第二章　用人单位的职责

第八条　职业病危害严重的用人单位，应当设置或者指定职业卫生管理机构或者组织，配备专职职业卫生管理人员。

其他存在职业病危害的用人单位，劳动者超过一百人的，应当设置或者指定职业卫生管理机构或者组织，配备专职职业卫生管理人员；劳动者在一百人以下的，应当配备专职或者兼职的职业卫生管理人员，负责本单位的职业病防治工作。

第九条 用人单位的主要负责人和职业卫生管理人员应当具备与本单位所从事的生产经营活动相适应的职业卫生知识和管理能力，并接受职业卫生培训。

对用人单位主要负责人、职业卫生管理人员的职业卫生培训，应当包括下列主要内容：

（一）职业卫生相关法律、法规、规章和国家职业卫生标准；

（二）职业病危害预防和控制的基本知识；

（三）职业卫生管理相关知识；

（四）国家卫生健康委规定的其他内容。

第十条 用人单位应当对劳动者进行上岗前的职业卫生培训和在岗期间的定期职业卫生培训，普及职业卫生知识，督促劳动者遵守职业病防治的法律、法规、规章、国家职业卫生标准和操作规程。

用人单位应当对职业病危害严重的岗位的劳动者，进行专门的职业卫生培训，经培训合格后方可上岗作业。

因变更工艺、技术、设备、材料，或者岗位调整导致劳动者接触的职业病危害因素发生变化的，用人单位应当重新对劳动者进行上岗前的职业卫生培训。

第十一条 存在职业病危害的用人单位应当制定职业病危害防治计划和实施方案，建立、健全下列职业卫生管理制度和操作规程：

（一）职业病危害防治责任制度；

（二）职业病危害警示与告知制度；

（三）职业病危害项目申报制度；

（四）职业病防治宣传教育培训制度；

（五）职业病防护设施维护检修制度；

（六）职业病防护用品管理制度；

（七）职业病危害监测及评价管理制度；

（八）建设项目职业病防护设施"三同时"管理制度；

（九）劳动者职业健康监护及其档案管理制度；

（十）职业病危害事故处置与报告制度；

（十一）职业病危害应急救援与管理制度；

（十二）岗位职业卫生操作规程；

（十三）法律、法规、规章规定的其他职业病防治制度。

第十二条 产生职业病危害的用人单位的工作场所应当符合下列基本要求：

（一）生产布局合理，有害作业与无害作业分开；

（二）工作场所与生活场所分开，工作场所不得住人；

（三）有与职业病防治工作相适应的有效防护设施；

（四）职业病危害因素的强度或者浓度符合国家职业卫生标准；

（五）有配套的更衣间、洗浴间、孕妇休息间等卫生设施；

（六）设备、工具、用具等设施符合保护劳动者生理、心理健康的要求；

（七）法律、法规、规章和国家职业卫生标准的其他规定。

第十三条　用人单位工作场所存在职业病目录所列职业病的危害因素的，应当按照《职业病危害项目申报办法》的规定，及时、如实向所在地卫生健康主管部门申报职业病危害项目，并接受卫生健康主管部门的监督检查。

第十四条　新建、改建、扩建的工程建设项目和技术改造、技术引进项目（以下统称建设项目）可能产生职业病危害的，建设单位应当按照国家有关建设项目职业病防护设施"三同时"监督管理的规定，进行职业病危害预评价、职业病防护设施设计、职业病危害控制效果评价及相应的评审，组织职业病防护设施验收。

第十五条　产生职业病危害的用人单位，应当在醒目位置设置公告栏，公布有关职业病防治的规章制度、操作规程、职业病危害事故应急救援措施和工作场所职业病危害因素检测结果。

存在或者产生职业病危害的工作场所、作业岗位、设备、设施，应当按照《工作场所职业病危害警示标识》（GBZ 158）的规定，在醒目位置设置图形、警示线、警示语句等警示标识和中文警示说明。警示说明应当载明产生职业病危害的种类、后果、预防和应急处置措施等内容。

存在或者产生高毒物品的作业岗位，应当按照《高毒物品作业岗位职业病危害告知规范》（GBZ/T 203）的规定，在醒目位置设置高毒物品告知卡，告知卡应当载明高毒物品的名称、理化特性、健康危害、防护措施及应急处理等告知内容与警示标识。

第十六条　用人单位应当为劳动者提供符合国家职业卫生标准的职业病防护用品，并督促、指导劳动者按照使用规则正确佩戴、使用，不得发放钱物替代发放职业病防护用品。

用人单位应当对职业病防护用品进行经常性的维护、保养，确保防护用品有效，不得使用不符合国家职业卫生标准或者已经失效的职业病防护用品。

第十七条　在可能发生急性职业损伤的有毒、有害工作场所，用人单位应当设置报警装置，配置现场急救用品、冲洗设备、应急撤离通道和必要的泄险区。

现场急救用品、冲洗设备等应当设在可能发生急性职业损伤的工作场所或者临近地点，并在醒目位置设置清晰的标识。

在可能突然泄漏或者逸出大量有害物质的密闭或者半密闭工作场所，除遵守本条第一款、第二款规定外，用人单位还应当安装事故通风装置以及与事故排风系统相连锁的泄漏报警装置。

生产、销售、使用、贮存放射性同位素和射线装置的场所，应当按照国家有关规定设置明显的放射性标志，其入口处应当按照国家有关安全和防护标准的要求，设置安全和防护设施以及必要的防护安全连锁、报警装置或者工作信号。放射性装置的生产调试和使用场所，应当具有防止误操作、防止工作人员受到意外照射的安全措施。用人单位必须配备与辐射类型和辐射水平相适应的防护用品和监测仪器，包括个人剂量测量报警、固定式和便携式辐射监测、表面污染监测、流出物监测等设备，并保证可能接触放射线的工作人员佩戴个人剂量计。

第十八条　用人单位应当对职业病防护设备、应急救援设施进行经常性的维护、检修和保养，定期检测其性能和效果，确保其处于正常状态，不得擅自拆除或者停止使用。

第十九条 存在职业病危害的用人单位，应当实施由专人负责的工作场所职业病危害因素日常监测，确保监测系统处于正常工作状态。

第二十条 职业病危害严重的用人单位，应当委托具有相应资质的职业卫生技术服务机构，每年至少进行一次职业病危害因素检测，每三年至少进行一次职业病危害现状评价。

职业病危害一般的用人单位，应当委托具有相应资质的职业卫生技术服务机构，每三年至少进行一次职业病危害因素检测。

检测、评价结果应当存入本单位职业卫生档案，并向卫生健康主管部门报告和劳动者公布。

第二十一条 存在职业病危害的用人单位发生职业病危害事故或者国家卫生健康委规定的其他情形的，应当及时委托具有相应资质的职业卫生技术服务机构进行职业病危害现状评价。

用人单位应当落实职业病危害现状评价报告中提出的建议和措施，并将职业病危害现状评价结果及整改情况存入本单位职业卫生档案。

第二十二条 用人单位在日常的职业病危害监测或者定期检测、现状评价过程中，发现工作场所职业病危害因素不符合国家职业卫生标准和卫生要求时，应当立即采取相应治理措施，确保其符合职业卫生环境和条件的要求；仍然达不到国家职业卫生标准和卫生要求的，必须停止存在职业病危害因素的作业；职业病危害因素经治理后，符合国家职业卫生标准和卫生要求的，方可重新作业。

第二十三条 向用人单位提供可能产生职业病危害的设备的，应当提供中文说明书，并在设备的醒目位置设置警示标识和中文警示说明。警示说明应当载明设备性能、可能产生的职业病危害、安全操作和维护注意事项、职业病防护措施等内容。

用人单位应当检查前款规定的事项，不得使用不符合要求的设备。

第二十四条 向用人单位提供可能产生职业病危害的化学品、放射性同位素和含有放射性物质的材料的，应当提供中文说明书。说明书应当载明产品特性、主要成分、存在的有害因素、可能产生的危害后果、安全使用注意事项、职业病防护和应急救治措施等内容。产品包装应当有醒目的警示标识和中文警示说明。贮存上述材料的场所应当在规定的部位设置危险物品标识或者放射性警示标识。

用人单位应当检查前款规定的事项，不得使用不符合要求的材料。

第二十五条 任何用人单位不得使用国家明令禁止使用的可能产生职业病危害的设备或者材料。

第二十六条 任何单位和个人不得将产生职业病危害的作业转移给不具备职业病防护条件的单位和个人。不具备职业病防护条件的单位和个人不得接受产生职业病危害的作业。

第二十七条 用人单位应当优先采用有利于防治职业病危害和保护劳动者健康的新技术、新工艺、新材料、新设备，逐步替代产生职业病危害的技术、工艺、材料、设备。

第二十八条 用人单位对采用的技术、工艺、材料、设备，应当知悉其可能产生的职业病危害，并采取相应的防护措施。对有职业病危害的技术、工艺、设备、材料，故意隐瞒其危害而采用的，用人单位对其所造成的职业病危害后果承担责任。

第二十九条 用人单位与劳动者订立劳动合同时，应当将工作过程中可能产生的职业病危害及其后果、职业病防护措施和待遇等如实告知劳动者，并在劳动合同中写明，不得隐瞒或者欺骗。

劳动者在履行劳动合同期间因工作岗位或者工作内容变更，从事与所订立劳动合同中未告知的存在职业病危害的作业时，用人单位应当依照前款规定，向劳动者履行如实告知的义务，并协商变更原劳动合同相关条款。

用人单位违反本条规定的，劳动者有权拒绝从事存在职业病危害的作业，用人单位不得因此解除与劳动者所订立的劳动合同。

第三十条 对从事接触职业病危害因素作业的劳动者，用人单位应当按照《用人单位职业健康监护监督管理办法》、《放射工作人员职业健康管理办法》、《职业健康监护技术规范》（GBZ 188）、《放射工作人员职业健康监护技术规范》（GBZ 235）等有关规定组织上岗前、在岗期间、离岗时的职业健康检查，并将检查结果书面如实告知劳动者。

职业健康检查费用由用人单位承担。

第三十一条 用人单位应当按照《用人单位职业健康监护监督管理办法》的规定，为劳动者建立职业健康监护档案，并按照规定的期限妥善保存。

职业健康监护档案应当包括劳动者的职业史、职业病危害接触史、职业健康检查结果、处理结果和职业病诊疗等有关个人健康资料。

劳动者离开用人单位时，有权索取本人职业健康监护档案复印件，用人单位应当如实、无偿提供，并在所提供的复印件上签章。

第三十二条 劳动者健康出现损害需要进行职业病诊断、鉴定的，用人单位应当如实提供职业病诊断、鉴定所需的劳动者职业史和职业病危害接触史、工作场所职业病危害因素检测结果和放射工作人员个人剂量监测结果等资料。

第三十三条 用人单位不得安排未成年工从事接触职业病危害的作业，不得安排有职业禁忌的劳动者从事其所禁忌的作业，不得安排孕期、哺乳期女职工从事对本人和胎儿、婴儿有危害的作业。

第三十四条 用人单位应当建立健全下列职业卫生档案资料：

（一）职业病防治责任制文件；

（二）职业卫生管理规章制度、操作规程；

（三）工作场所职业病危害因素种类清单、岗位分布以及作业人员接触情况等资料；

（四）职业病防护设施、应急救援设施基本信息，以及其配置、使用、维护、检修与更换等记录；

（五）工作场所职业病危害因素检测、评价报告与记录；

（六）职业病防护用品配备、发放、维护与更换等记录；

（七）主要负责人、职业卫生管理人员和职业病危害严重工作岗位的劳动者等相关人员职业卫生培训资料；

（八）职业病危害事故报告与应急处置记录；

（九）劳动者职业健康检查结果汇总资料，存在职业禁忌证、职业健康损害或者职业病的劳动者处理和安置情况记录；

（十）建设项目职业病防护设施"三同时"有关资料；

（十一）职业病危害项目申报等有关回执或者批复文件；

（十二）其他有关职业卫生管理的资料或者文件。

第三十五条 用人单位发生职业病危害事故，应当及时向所在地卫生健康主管部门和有关部门报告，并采取有效措施，减少或者消除职业病危害因素，防止事故扩大。对遭受或者可能遭受急性职业病危害的劳动者，用人单位应当及时组织救治、进行健康检查和医学观察，并承担所需费用。

用人单位不得故意破坏事故现场、毁灭有关证据，不得迟报、漏报、谎报或者瞒报职业病危害事故。

第三十六条 用人单位发现职业病病人或者疑似职业病病人时，应当按照国家规定及时向所在地卫生健康主管部门和有关部门报告。

第三十七条 用人单位在卫生健康主管部门行政执法人员依法履行监督检查职责时，应当予以配合，不得拒绝、阻挠。

第三章 监督管理

第三十八条 卫生健康主管部门应当依法对用人单位执行有关职业病防治的法律、法规、规章和国家职业卫生标准的情况进行监督检查，重点监督检查下列内容：

（一）设置或者指定职业卫生管理机构或者组织，配备专职或者兼职的职业卫生管理人员情况；

（二）职业卫生管理制度和操作规程的建立、落实及公布情况；

（三）主要负责人、职业卫生管理人员和职业病危害严重的工作岗位的劳动者职业卫生培训情况；

（四）建设项目职业病防护设施"三同时"制度落实情况；

（五）工作场所职业病危害项目申报情况；

（六）工作场所职业病危害因素监测、检测、评价及结果报告和公布情况；

（七）职业病防护设施、应急救援设施的配置、维护、保养情况以及职业病防护用品的发放、管理及劳动者佩戴使用情况；

（八）职业病危害因素及危害后果警示、告知情况；

（九）劳动者职业健康监护、放射工作人员个人剂量监测情况；

（十）职业病危害事故报告情况；

（十一）提供劳动者健康损害与职业史、职业病危害接触关系等相关资料的情况；

（十二）依法应当监督检查的其他情况。

第三十九条 卫生健康主管部门应当建立健全职业卫生监督检查制度，加强行政执法人员职业卫生知识的培训，提高行政执法人员的业务素质。

第四十条 卫生健康主管部门应当加强建设项目职业病防护设施"三同时"的监督管

理，建立健全相关资料的档案管理制度。

第四十一条　卫生健康主管部门应当加强职业卫生技术服务机构的资质认可管理和技术服务工作的监督检查，督促职业卫生技术服务机构公平、公正、客观、科学地开展职业卫生技术服务。

第四十二条　卫生健康主管部门应当建立健全职业病危害防治信息统计分析制度，加强对用人单位职业病危害因素检测、评价结果、劳动者职业健康监护信息以及职业卫生监督检查信息等资料的统计、汇总和分析。

第四十三条　卫生健康主管部门应当按照有关规定，支持、配合有关部门和机构开展职业病的诊断、鉴定工作。

第四十四条　卫生健康主管部门行政执法人员依法履行监督检查职责时，应当出示有效的执法证件。

行政执法人员应当忠于职守，秉公执法，严格遵守执法规范；涉及被检查单位的技术秘密、业务秘密以及个人隐私的，应当为其保密。

第四十五条　卫生健康主管部门履行监督检查职责时，有权采取下列措施：

（一）进入被检查单位及工作场所，进行职业病危害检测，了解情况，调查取证；

（二）查阅、复制被检查单位有关职业病危害防治的文件、资料，采集有关样品；

（三）责令违反职业病防治法律、法规的单位和个人停止违法行为；

（四）责令暂停导致职业病危害事故的作业，封存造成职业病危害事故或者可能导致职业病危害事故发生的材料和设备；

（五）组织控制职业病危害事故现场。

在职业病危害事故或者危害状态得到有效控制后，卫生健康主管部门应当及时解除前款第四项、第五项规定的控制措施。

第四十六条　发生职业病危害事故，卫生健康主管部门应当依照国家有关规定报告事故和组织事故的调查处理。

第四章　法律责任

第四十七条　用人单位有下列情形之一的，责令限期改正，给予警告，可以并处五千元以上二万元以下的罚款：

（一）未按照规定实行有害作业与无害作业分开、工作场所与生活场所分开的；

（二）用人单位的主要负责人、职业卫生管理人员未接受职业卫生培训的；

（三）其他违反本规定的行为。

第四十八条　用人单位有下列情形之一的，责令限期改正，给予警告；逾期未改正的，处十万元以下的罚款：

（一）未按照规定制定职业病防治计划和实施方案的；

（二）未按照规定设置或者指定职业卫生管理机构或者组织，或者未配备专职或者兼职的职业卫生管理人员的；

（三）未按照规定建立、健全职业卫生管理制度和操作规程的；

（四）未按照规定建立、健全职业卫生档案和劳动者健康监护档案的；

（五）未建立、健全工作场所职业病危害因素监测及评价制度的；

（六）未按照规定公布有关职业病防治的规章制度、操作规程、职业病危害事故应急救援措施的；

（七）未按照规定组织劳动者进行职业卫生培训，或者未对劳动者个体防护采取有效的指导、督促措施的；

（八）工作场所职业病危害因素检测、评价结果未按照规定存档、上报和公布的。

第四十九条　用人单位有下列情形之一的，责令限期改正，给予警告，可以并处五万元以上十万元以下的罚款：

（一）未按照规定及时、如实申报产生职业病危害的项目的；

（二）未实施由专人负责职业病危害因素日常监测，或者监测系统不能正常监测的；

（三）订立或者变更劳动合同时，未告知劳动者职业病危害真实情况的；

（四）未按照规定组织劳动者进行职业健康检查、建立职业健康监护档案或者未将检查结果书面告知劳动者的；

（五）未按照规定在劳动者离开用人单位时提供职业健康监护档案复印件的。

第五十条　用人单位有下列情形之一的，责令限期改正，给予警告；逾期未改正的，处五万元以上二十万元以下的罚款；情节严重的，责令停止产生职业病危害的作业，或者提请有关人民政府按照国务院规定的权限责令关闭：

（一）工作场所职业病危害因素的强度或者浓度超过国家职业卫生标准的；

（二）未提供职业病防护设施和劳动者使用的职业病防护用品，或者提供的职业病防护设施和劳动者使用的职业病防护用品不符合国家职业卫生标准和卫生要求的；

（三）未按照规定对职业病防护设备、应急救援设施和劳动者职业病防护用品进行维护、检修、检测，或者不能保持正常运行、使用状态的；

（四）未按照规定对工作场所职业病危害因素进行检测、现状评价的；

（五）工作场所职业病危害因素经治理仍然达不到国家职业卫生标准和卫生要求时，未停止存在职业病危害因素的作业的；

（六）发生或者可能发生急性职业病危害事故，未立即采取应急救援和控制措施或者未按照规定及时报告的；

（七）未按照规定在产生严重职业病危害的作业岗位醒目位置设置警示标识和中文警示说明的；

（八）拒绝卫生健康主管部门监督检查的；

（九）隐瞒、伪造、篡改、毁损职业健康监护档案、工作场所职业病危害因素检测评价结果等相关资料，或者不提供职业病诊断、鉴定所需要资料的；

（十）未按照规定承担职业病诊断、鉴定费用和职业病病人的医疗、生活保障费用的。

第五十一条　用人单位有下列情形之一的，依法责令限期改正，并处五万元以上三十万元以下的罚款；情节严重的，责令停止产生职业病危害的作业，或者提请有关人民政府按照国务院规定的权限责令关闭：

（一）隐瞒技术、工艺、设备、材料所产生的职业病危害而采用的；

（二）隐瞒本单位职业卫生真实情况的；

（三）可能发生急性职业损伤的有毒、有害工作场所或者放射工作场所不符合法律有关规定的；

（四）使用国家明令禁止使用的可能产生职业病危害的设备或者材料的；

（五）将产生职业病危害的作业转移给没有职业病防护条件的单位和个人，或者没有职业病防护条件的单位和个人接受产生职业病危害的作业的；

（六）擅自拆除、停止使用职业病防护设备或者应急救援设施的；

（七）安排未经职业健康检查的劳动者、有职业禁忌的劳动者、未成年工或者孕期、哺乳期女职工从事接触产生职业病危害的作业或者禁忌作业的；

（八）违章指挥和强令劳动者进行没有职业病防护措施的作业的。

第五十二条　用人单位违反《中华人民共和国职业病防治法》的规定，已经对劳动者生命健康造成严重损害的，责令停止产生职业病危害的作业，或者提请有关人民政府按照国务院规定的权限责令关闭，并处十万元以上五十万元以下的罚款。

造成重大职业病危害事故或者其他严重后果，构成犯罪的，对直接负责的主管人员和其他直接责任人员，依法追究刑事责任。

第五十三条　向用人单位提供可能产生职业病危害的设备或者材料，未按照规定提供中文说明书或者设置警示标识和中文警示说明的，责令限期改正，给予警告，并处五万元以上二十万元以下的罚款。

第五十四条　用人单位未按照规定报告职业病、疑似职业病的，责令限期改正，给予警告，可以并处一万元以下的罚款；弄虚作假的，并处二万元以上五万元以下的罚款。

第五十五条　卫生健康主管部门及其行政执法人员未按照规定报告职业病危害事故的，依照有关规定给予处理；构成犯罪的，依法追究刑事责任。

第五十六条　本规定所规定的行政处罚，由县级以上地方卫生健康主管部门决定。法律、行政法规和国务院有关规定对行政处罚决定机关另有规定的，依照其规定。

第五章　附　　则

第五十七条　本规定下列用语的含义：

工作场所，是指劳动者进行职业活动的所有地点，包括建设单位施工场所。

职业病危害严重的用人单位，是指建设项目职业病危害风险分类管理目录中所列职业病危害严重行业的用人单位。建设项目职业病危害风险分类管理目录由国家卫生健康委公布。各省级卫生健康主管部门可以根据本地区实际情况，对分类管理目录作出补充规定。

建设项目职业病防护设施"三同时"，是指建设项目的职业病防护设施与主体工程同时设计、同时施工、同时投入生产和使用。

第五十八条　本规定未规定的其他有关职业病防治事项，依照《中华人民共和国职业病防治法》和其他有关法律、法规、规章的规定执行。

　　第五十九条　医疗机构放射卫生管理按照放射诊疗管理相关规定执行。

　　第六十条　本规定自 2021 年 2 月 1 日起施行。原国家安全生产监督管理总局 2012 年 4 月 27 日公布的《工作场所职业卫生监督管理规定》同时废止。

参 考 文 献

[1] 程家树. 化工企业管理. 北京：化学工业出版社，2016.

[2] 李勇，李晶. 化工企业管理. 北京：化学工业出版社，2021.

[3] 徐盛华，刘佳禄，王宁. 现代企业管理学. 北京：清华大学出版社，2021.

[4] 王晓玲. 现代企业班组管理基础. 北京：机械工业出版社，2021.

[5] 何林福. 工业企业管理. 2版. 北京：化学工业出版社，2021.

[6] 方振邦，包元杰. 管理学原理. 北京：中国人民大学出版社，2020.

[7] 杨勇. 市场调查与预测. 北京：机械工业出版社，2021.

[8] 吴少华. 人力资源管理. 北京：人民邮电出版社，2021.

[9] 王志洲，李树斌. 职业生涯规划. 北京：人民邮电出版社，2013.

[10] 刘景良. 职业卫生. 北京：化学工业出版社，2023.